馥林文化

馥林文化

Monkey Business
Swinging Through the Wall Street Jungle

華爾街的猴戲

——闖蕩華爾街金融

約翰．洛夫 John Rolfe、彼得．楚普 Peter Troob 合著｜方

目錄

華爾街的猴戲

我們一開始寫這本書，就碰上難題。我們有很多故事想告訴大家，但是也有很多不希望自己名字和這些故事牽扯在一起的朋友，可是，我們知道故事裡如果沒有人，就稱不上故事，所以我們決定作一些變更。

本書的故事都是真的，只不過我們更動書裡提到的人名、公司名或部門的某些細節，除了我們的名字、帝傑投資銀行（DLJ），以及狄克·詹瑞特（Dick Jenrette）和約翰·喬斯提（John Chalsty）之外，書裡所有名字都是化名。此外，書中的對話也只能儘量求真，畢竟我們擔任投資銀行家時，不像中情局情報員每天在那裡蒐證。

希望我們有保護到無辜的人，只有自己丟人現眼，我們不在乎丟臉。希望這麼一來，朋友都依然對我們友善，而且早上起床時，床單底下不會有馬頭出現[1]。

真實永遠比小說更精采。

1. 譯註：電影「教父」第一集裡的恐嚇手法。

感謝

我們要感謝的人很多。

首先，謝謝那兩位承諾要一輩子忍受我們的可愛女人——瑪裘莉和艾咪。我們實在很幸運，雖然我們說這句話的次數也許不夠多：妳們的支持和鼓勵是無價之寶。我們愛妳們。

其次，要感謝我們的家人，包括爸爸、媽媽、繼父、繼母、爺爺、奶奶、兄弟姐妹和姻親，很高興我們不是這群人當中唯二不正常的，我們以你們為榮，如果沒有你們，我們的偏差行為就沒人可牽拖了。

另外要感謝我們的編輯艾咪・艾因霍恩，給予我們很棒的編輯建議，也把整個過程簡化到極至，謝謝妳在我們過度緊張時幫助我們放輕鬆，妳真是天使。

還要特別感謝麗莎・科恩（Lisa Cohen）、蘇西・西瓦（Susie-Q Silva）、茱莉・渥恩（Julie Wurm）、麥可・馬隆（Mike Marone）、尼克・戴（Nick Day）、迪昂・奧格爾斯比（Deion Oglesby）、路・瓦勒克（Lou Wallach），幫我們審閱初稿，並給

予我們寶貴的建議。

也要感謝其他看過初稿後，告訴我們要再加一把勁的人，克林撲地・寶貝格（Climpedy Ballbag）、約翰・麥奎爾（John McGuire）、若恩（P Rowan）、丹・蕭爾（Dan Shore）、歐斯伯和凱莉・戴（All-Sports & Kelly Day）、大衛・希爾曼（David Hillman）、大衛・傑克森（David Jackson）和強・鮑爾（Jon Bauer），我們有一天也許會報答你們，像是辦個烤肉聚餐之類，連啤酒都由我們準備。

我們還要感謝時代華納出版社團隊，尤其是姍卓・巴克（Sandra Bark），如果沒有你們，就不會有這本書。

感謝猿猴藝術大師賴瑞・凱勒（Larry Keller），你畫的猴子是我們見過最棒的，祝你的生命裡滿滿是香蕉。

另外要感謝我們的律師巴布・史坦（Bob Stein），謝謝你給予我們建議、幫助我們在無常的出版法律術語裡安全航行，我們雖然很喜歡你，也想多花點時間和你打屁，不過可惡的按時收費制度真的很礙事。

當然啦，我們也要感謝和我們一起在帝傑出生入死的伙伴，沒有你們，我們就沒東西好寫了，你們知道自己是誰，希望書中也有你們想尋找的東西。

注意：披風無法讓使用者飛行

〈蝙蝠俠裝的警告標示〉

前言

我從來無法理解，兩個男人如何能合寫一本書，在我看來，這就像三個人在一起製造寶寶一樣。

——知名作家　艾佛林・渥（Evelyn Waugh）

幾年前[1]，洛夫和我都認為自己站在沙漠邊緣，我們相信沙漠的盡頭是蒼翠綠洲，盼望有一天能徜徉在綠洲的懷抱，而且我們愈這麼想，就愈相信那豐饒的邊境有無法形容的歡愉，問題只有一個——如何穿越那片沙漠。

我們剛進投資銀行，從協理開始做起時，綠洲代表的是升任為夢寐以求的執行董事。我們願意穿越滾燙的沙地，熬過協理和副總裁的過渡期，只為有朝一日能在棕櫚樹樹蔭下享受日光浴。然而，旅程展開後幾個月，我們開始懷疑當初看到的綠洲也許只是海市蜃樓。我們一度迷失，被炙熱的太陽烤得發狂，但最後還是找回方向。我們明白，無論彼岸有什麼樣的綠洲，想要抵達那裡，我們穿越沙漠之旅都是超乎想像的漫長。

我們告訴自己，很多職業都必須經歷痛苦階段。醫學界有醫學院和實習醫生、法律界有實習助理和剛開始好幾年的單調工作，投資銀行業也不例外。年輕投資銀行家得接受磨練，有朝一日才能飛黃騰達。絕大多數資深銀行家都經歷過這些，也都忍了下來，有些人因此漸入佳境。如果他們得經歷這些，那我們也不例外，這就是規矩。

1. 編註：本書內文有兩種字體，新細明體部分代表以洛夫的角度來寫的，而標楷體部分則是以楚普的角度來寫的。

擔任投資銀行協理對我們有幫助嗎？有。過程中盡是悲慘嗎？當然不是。在接受考驗的路上，我們碰過很多好事和很多壞事，當中幾乎沒睡什麼覺，但是車開著開著，我們還是開到出口收費站，付費離開。我們現在仍然在華爾街工作，而且若說我們不在乎錢，那絕對是騙人的，但是在投資銀行工作似乎不符成本效益，所以雖然我們已經不是銀行家，但是每天去上班都很開心。

這本書的故事講述的是我們生命中很重要的階段：兩個投資銀行協理起先搶破頭想擠進投資銀行業，到後來又迫切想脫身。我們同時也希望藉由這本書把積壓的情緒好好宣洩一番。我們擠進投資銀行業，從協理做起，就像失去貞節的處女，我們不可能抹滅當初心甘情願送上門而自食的苦果。這讓我們變得更堅強，也讓我們臉皮變得更厚，有好也有壞。如果有一種浮石，可以去除心靈的積垢，我們會努力把自己磨到破皮，可是世上沒有這種東西。

投資銀行這個行業的特性就是極端。銀行家相信愈多就愈好，無論是金錢、酒色、美食還是工作時間，這些極端我們經歷了很多，也把一些極致體驗記載在這本書裡，不過，毫無節制和沉溺酒色不是全部，故事的另一面是，我們了解擔任投資銀行家，不像我們原先以為的會成為企業大老闆的重要顧問，而是把大部分工作時間花在不用大腦的文書處理工作上。即使大量的文書工作就可以賺一大堆錢，但是我們為這項工作投注的心力當然不止於這些。我們也試著把領悟的過程在書中傳達出來。我們並沒有很後悔，畢竟這世上，沒有很多工作能讓我們在三十歲之前就有機會過紙醉金迷的生活，同時還看破國王新衣的真相。

我們任職的銀行是帝傑（Donaldson, Lufkin & Jenrette，簡稱ＤＬＪ），不過這個故事不是只和帝傑有關，而是關於所有菜鳥投資銀行家都必須接受的考驗，我們有很多在其他投資銀行上班的朋友，他們也一樣慘。投資銀行家一半的時間花在讓客戶相信，他們的銀行和別人的不一樣，但是說穿了，沒什麼兩樣，無論在哪一間銀行，年輕投資銀行家的故事都差不多——連續三天不眠不休工作、因為提案書頁次弄錯而挨罵，或是未老先衰，像一塊被遺忘在冰箱裡的乾乳酪。資深銀行家的生活或許比較美好、比較有趣，但是我們不會知道，因為我們剛入行，而菜鳥銀行家的生活真是糟透了。

希望這本書能幫助大家以不一樣的觀點去看投資銀行，不然沒有人真正知道銀行家在做什麼。進入這行以前，我們只知道銀行家、證券交易員總和驚人的薪水相提並論。證券交易員的工作比銀行家的工作容易理解，因為每個人一生中總會交易些什麼，像是拿王建民的恩師古瑞德（Ron Guidry）的新人卡交換瑞奇·傑克森（Reggie Jackson）的明星賽棒球卡，等值交換的概念自古就有。可是投資銀行在真實生活中沒有這種相對應的東西，我們的媽媽花了六個月才搞清楚我們不是用電話把公開發行的爛股票賣給不知情投資人的股票經紀人，之後又過了六個月我們才搞清楚，我們其實就是在賣公開發行的爛股票給投資人，差別在於我們不是靠電話賣，而是當面賣，而且這些投資人不是不知情的個人投資人，而是全球各地的專業投資人，如富達投資（Fidelity）、百能投資（Putnam）和羅普萊斯（T. Rowe Price）等。

一九九五年十月二十四日曾傳出一則離奇的新聞事件，一時之間傳為笑談，也向大多數人清楚解釋了投資銀行家的工作。率先報導的是通訊社，接著全美各大媒體幾乎都轉述這則典型誇張的華爾街新聞。一名五十八歲、挫折的西部信託公司（Trust Company of the West）執行董事，在搭乘聯合航空從布宜諾斯艾利斯飛往紐約市的途中，灌下太多杯雞尾酒，他離開頭等艙的座位，脫下褲子，在餐車上撒了一泡屎。說真的，銀行家做的就是類似的事：吃進、處理，然後散播出去。

大體而言，年輕的協理若想熬過投資銀行嚴峻的考驗，不是得完全接受那一套，就是對自己做的事保持一定的幽默感。用另一隻腳保持平衡不一定能讓心靈獲得平靜，畢竟，如果一隻腳踩在乾冰、另一隻踩在燒紅的爐子上，平均溫度也許怡人，但是到頭來你的雙腳都還是會起水泡。

從商學院畢業後，我們和帝傑簽第一年全職聘約的待遇大概是一般大學畢業生第一份工作的八倍，而且我們的薪資每隔兩年都會再增加一倍。我們搭乘私人專機環遊美國、住頂極飯店、上最好的餐廳。然而，我們後來發現，待遇這麼好，不是因為在投資銀行裡擔任協理是很棒的工作，而是因為這個工作糟透了。銀行家相信，只要砸下夠多的銀子和時間，任何問題都可以解決。這意味著什麼？意思是，銀行家最大的敵人是那些靈魂不能用錢收買的人，還有那些明白時間是無法再生的人。

我們沒有要評斷任何人，我們很多朋友都還是銀行家，還頂著大太陽穿越炙熱的沙漠，而且有一些還真心喜歡自己的工作，就像過著游牧生活的貝都因人[2]。如同某個憤世嫉俗的人曾說的：「鳥事總要有人做」。

我們剛開始討論要寫一本關於在投資銀行擔任協理的書時，我們彼此互問：「要寫些什麼？」答案很快就出現：「我們怎麼進去的、我們做了些什麼、我們如何出來，還有我們如何失去平衡。一切的一切。」

2. 譯註：貝都因人（Bedouin），中東沙漠地區的游牧民族。

套用我們最喜愛的拳擊裁判米爾斯・連（Mills Lane）常說的話：「現在就開始吧！」

一、招募：夢想的種籽

看那快樂的傻子，
他啥也不在乎。
真希望我是傻子——
天啊，也許我真是！

——佚名

時代廣場中央、百老匯大道和四十三街交會處，座落著曾經風光一時的美軍招募所。這間招募所大約五十年前建造，位於全世界最重要的十字路口的正中央，象徵軍旅生涯無限的可能性。不過，今天也只能徒留回憶。遊民在後面躲夏陽，有時抒解一下膀胱裡的布恩農場[1]；幸運的話，會有幾個無精打采的青少年晃進去，看看自己究竟值多少錢。

曾經倍受尊崇的軍旅生涯如今已沒落，但另一種招募機構也隨之崛起——華爾街投資銀行機器。從曼哈頓下城到中城，這具運轉順暢的機器一年到頭、從早到晚不停運作，蜿蜒的觸角在全美各地幾乎所有聲譽良好的大專院校和頂尖商學院紮根。這具機器只有一個目標——努力把投資銀行界的奴隸和被合約綁住的僕人：分析師和協理，塞入機器的導管裡，愈多愈好。

到最後，我們發現投資銀行若想成功，很大一部分是要看一筆交易，或是更重要的：還沒到手的交易，可以丟多少人出去辦。所以，用這些人填滿管線就成了永無休止的工作。

1. 譯註：布恩農場（Boone’s Farm），酒精含量很低的甜味飲料，有多種口味。

分析師

投資銀行階級中最低階的是分析師。為了尋找新血，投資銀行把光鮮亮麗的年輕銀行家派到華頓、哈佛和普林斯頓，為頂尖大學生鋪開紅地毯，開始毀滅這些年輕人腦袋裡殘存的任何崇高理想。在負責招募的銀行家心中，理想分析師的條件是：智商高於一般人、愛錢（或有潛力學會這種能力）、看世界的觀點和薩德侯爵[2]一致、願意天天熬夜工作，同時要咧著嘴巴大笑，就像〈蝙蝠俠〉（*Batman*）裡的小丑。

在華爾街的叢林中，分析師的層級是最低的。他們是巴士總站公廁馬桶邊緣的藻類、啤酒桶底殘渣裡的渣渣。他們會有兩到三年的時間，身、心、靈皆遭受折磨，相對的也會受到嚴謹的訓練、得到豐厚的報酬。不管情況多糟，公司裡不會有比他們更低階的人，能當作他們發洩的對象。

兩三年任期結束後，大多數分析師不是到少數幾間商學研究所唸書，就是跳槽到華爾街其他金融機構，再不然就是神志恢復正常後，轉而投身完全不同的行業。在投

---

2. 譯註：薩德侯爵（Marquis de Sade，1740-1814），法國情色文學作家，性虐待狂（Sadism）一詞即源出其名。

資銀行裡，分析師沒什麼機會往上爬，他們很快就會發現，分析師的日子三年後絕對會結束。不知情的人也許覺得這樣很短視，甚至覺得這種行為等同於摧殘幼苗，為什麼經過兩三年紮實的財務訓練之後卻拋棄這些年輕人？答案很簡單。分析師被折磨、摧殘了三年，已經到了危險的地步，留下他們等於在投資銀行裡播下不滿的種籽。

大多數分析師離開時都很不爽，對投資銀行滿懷恨意。他們雖然學到很多東西，也很滿意超乎想像的優渥待遇，但是他們痛恨自己做的工作，還有要他們做這些工作的人。可是很神奇，約有一半痛恨自己工作的分析師在唸了兩年商學研究所後，又會重回投資銀行。距離似乎讓一切變得更美好，如同受了重傷後，人們往往忘了當時有多痛，他們知道感覺不是很好，但就是記不得到底有多痛。所以，這些分析師又回到投資銀行，以為協理的生活會不一樣，基本上他們只是再次傷害自己。楚普就是決定二度參戰的受傷老兵之一。

協理

比分析師高一層的是協理，也就是我們。協理照理說應該比分析師快樂，因為層級比較高，也可以把痛苦加諸在分析師身上，以緩解自己的悲慘。這裡面蘊含階級組織的美妙，就像之前提到的，投資銀行會釋放所有年資滿三年的分析師，包括有潛力升為協理的分析師，所以，招募協理以取代年資滿三年的分析師就變成了一個從不間斷的過程。

投資銀行的協理待兩、三年後沒有免費的出獄計劃，隧道的盡頭沒有亮光。協理來應徵時，就該了解這個情況，一旦進了公司，就要克盡職責往上爬，一直爬到金字塔頂端。副總裁、資深副總裁、執行董事，路徑十分明確。事實上，協理的折損率很高，有些跳槽到別家投資銀行、有些到客戶的公司，有些因為發現感情生活的枯竭而離職。無論原因為何，在慢慢往上爬的鼴鼠和取代離職旅鼠的空降部隊之間，不斷有新面孔的協理出現。

其他：副總裁到執行董事

協理再上去是副總裁、資深副總裁（有些公司稱為執行副董）和執行董事。所有協理都有相同的目標：三、四年內成為副總裁，五到七年內升任資深副總裁，七到九年成為執行董事。大家都希望自己當上執行董事時年薪有七位數。

不過，從協理的角度來看，投資銀行有時似乎只有三種階級：分析師、協理和其他的。畢竟任何比協理資深的人都有權力在協理的頭上拉屎，如果你是被殘害的一方，就沒什麼道理去細分這些人的階級了。

培育人才的溫床——商學院

培育協理最肥沃的溫床是全美各地的商學研究所，由於現在華爾街求才的數量龐大，獵人頭的範圍已經從最傲慢的東岸長春藤學院（也就是華頓、哈佛和哥倫比亞），擴展到其他稍微沒那麼自大的學院，雖然老一輩銀行家很不願看到新進人員的傲慢程度低下，但這也是形勢所逼。

商學院學生也不是邪惡資本豬的單純受害者，大部分回學校唸書的目標只有一個：利用商學院提供的徵才機會讓職業生涯更上一層樓。平心而論，也有少數商學研究所學生回學校唸書的主要目標是累積知識，不過，這些人會迅速得到指點，知道自己錯在哪裡。

學校灌輸金錢文化，幫助未來的企業管理碩士把心態調整為找工作模式，早在他們抵達校園前便展開。先是一封洋洋灑灑的入學許可信，信誓旦旦地向企管碩士保證他們將成為學術菁英的一份子，接下來，他們會收到一個厚厚的資料袋。

華頓和哈佛的資料袋很相似，裡面有學生手冊、健康保險申請表，還有各式各樣有趣的行政資料，不過，華頓商學院資料袋裡最重要的文件，是一本名為《企業管理碩士就業調查》的小冊子。就業調查手冊是淘金客的最愛，所有想像得到的關於前一年商學院畢業生就業成功或不成功的數據，都經過拆解分析，寫成報告，包括就業行業的百分比、公司的百分比、地區的百分比。不過，在未來企管碩士心中，只有一個數據最重要——各行業的平均起薪。

第一次看到這些數字，我心跳差點停止。我以前在廣告公司上班，年薪一萬七千五百美金，一個禮拜有四頓晚餐得吃黑豆和米。《企業管理碩士就業調查》小冊子裡出現六位數年薪，當然不算小數點後的數字。

如果起薪就有六位數，那接下來會多到什麼地步？這個領域充滿了無限可能。

如果再仔細看一下這光滑的小手冊，就會得到另一個未來商學院同學目標的線索。畢業生就業比例最高的兩大職業區塊——管理顧問公司和投資銀行，正好也是起薪最高的行業。純屬巧合？我想不是。楚普和我正準備和一堆貪心得要命的史古基[3]一起跳進舖著天鵝絨的籠子裡。不幸的是，當時我們也滿腦子幻想自己是瑞奇・瑞屈[4]。我們即將和全美最頂尖的商學研究所學生展開為期兩年的瘋狂賽跑，在驚濤駭浪中，盲目地朝著偉大的鈔票前進。

華頓商學院的馬拉松賽跑是在新生訓練週的〈歡迎到華頓〉講座開跑。原本在我腦海中的溫馨小聚會幻想很快就破滅。坐在諾大的禮堂，身旁圍繞另外七百五十名熱情洋溢的年輕碩士生，所有以為自己隸屬於某種特別的、精英小團體的感覺開始煙消雲散。等節目進行到二年級生走上講台，向我們描述在前方等著我們的殘酷求職戰場，一切就再也清楚不過。我們在商學院的這兩年，就是要和招聘公司跳交配舞。華頓的名號可以幫助我們接觸到最好的公司，有了機會之後，就要靠自己的實力，才能從身旁一大票同樣符合資格的人當中脫穎而出。我們得願意穿上有尖銳止滑鐵條的高

3. 譯註：史古基（Ebeneezer Scrooge），狄更斯小說《小氣財神》的主角。
4. 譯註：瑞奇・瑞屈（Richie Rich），六〇年代美國同名漫畫的主角，是全世界最有錢的小孩，只要錢買得到的東西，他都有兩個，偶爾會去上個學。雖然很有錢，卻也十分善良慷慨。

爾夫球鞋，踩在這些人身上，以走到我們想要，不，是必須要到的地方。至於袍澤之情，見它的鬼吧！

不過當時我不知道，並非大禮堂裡每一個人都是在那天得到相同的慘痛領悟，絕大多數新同學早在那天以前就知道遊戲規則，有些該死的傢伙知道前方有什麼在等著他們，還自願回來經歷這些，全為了能在職場更上一層樓，以及那些伴隨而來的名聲。

別忘了，這現象不只出現在華頓，事實上，如果往北走三百五十英里，到了最德高望重的哈佛商學院，那兒也在上演相同的戲碼，而且在七百五十個光鮮亮麗的新生中，就有一個知道遊戲規則的討厭鬼：一個以前幹過投資銀行分析師的壯漢，也就是後來在帝傑擔任協理，和我一起接受磨練、出生入死，後來變成好朋友的彼得·楚普。

過了一段時間，我們比較熟之後，楚普確認了我的懷疑，華頓和哈佛的情況的確相去不遠。

沒錯，我在哈佛商學院跳過相同的交配舞，不過我有一個很大的優勢——

—回商學院前在投資銀行上班過。我在吉德皮巴第（Kidder Peabody）做過分析師，我了解那種痛苦，我知道工作到半夜和一個禮拜有六個晚上在辦公室吃遲來的晚餐的感覺。

我發誓過不會再回投資銀行。每天工作十六小時、公司裡有權利踢我屁股的那些人、大學畢業後胖了十磅、完全沒有社交生活，我知道在投資銀行當菜鳥的生活糟透了。雖然對二十二歲、杜克大學（Duke）畢業，自命不凡的小鬼來說待遇實在很好，還讓我有機會進哈佛唸書，同時也學會閉著眼睛都能分析一間公司的財務。但是我坐在哈佛商學院裡頭，向自己保證我不會回去，絕對不行，我答應自己要找比較有成就感的工作、讓我對自己有好感的工作，能淨化我的靈魂，而非玷污我靈魂的工作。

所以我為什麼願意回去？這問題很好。我記得剛開學時和好友丹尼坐在蒸汽室裡討論過一模一樣的問題，我們都剛從吉德皮巴第的兩年訓練營出來，進入哈佛商學院，丹尼先問了這個問題：「小楚，你會回投資銀行嗎？」

「他媽的怎麼可能，你在開玩笑嗎？吉德爛透了，我的生活像地獄，投資銀行去死吧。我要做別的工作。」

「做什麼？」

「我不知道，顧問一類的吧。」

「顧問？做二乘二圖表和矩陣圖，然後到密西西比州比洛希市那種鳥不生蛋的鬼地方，替什麼工廠的做兩個月顧問？謝謝再聯絡啦。」

「丹尼男孩，你說得有理，不要顧問吧，我要找收購基金一類的工作。」

「是啦。湯米．李（Tommy Lee）今年只招兩個人，KKR只收一個。你是很優秀沒錯，可是想進去，你不是老子有錢，就是要幫合夥董事打炮。」

「好吧，那我可能再回投資銀行找找看。」

「什麼！楚普，你瘋了嗎？」

「還有什麼地方可以賺那麼多錢？況且那只是更好工作的踏板，幫助我打開未來的機會，讓我進入買方的公司。」

「天啊，我不知道。」

「丹尼，我不能再討論下去。我要離開蒸氣室了，我的睪丸好像葡萄乾。」

丹尼和我最後都去了每一間投資銀行應徵。我們在整個招募程序還沒開始前就被捲了進去，我們掉入金錢、名望和安全感的陷阱裡，我們即將出賣靈魂，焦慮地進入哈佛商學院，準備出發。

企業介紹會和雞尾酒會

剛開學才幾個禮拜，徵才公司和華頓商學院的新生就開始跳精心設計的交配舞。學生每星期會拿到公司到校徵才的時間表，每天也都會看到大大的公告——「今日來訪公司如下：一號教室，美林證券（Merrill Lynch）；二號教室，博思艾倫諮詢公司（Booze Allen）；三號教室，嬌生公司（Johnson & Johnson）。」

其中蘊含的意思是：「那些對賺大錢有興趣的人，請直接到一號教室或二號教室；渴望學習如何行銷橡皮奶嘴，或不含凡士林情趣潤滑劑的同學請到三號教室報到。」這些活動很規律，每天最後一堂課在四點三十分結束，第一場企業介紹會便在四點四十五分開始。楚普唸的哈佛，我的華頓，都一樣。

徵才企業介紹會可不是芝麻小事。大部分企業總裁都會親自出席，這些美國財星五百大企業的執行長和總經理都按照慣例，放下身段，手按著西裝、笨手笨腳地走過貼塑課桌，到教室前方，開始滔滔不絕地說，站在美國最頂尖商學院學生面前有多榮幸，還有為何唯一值得考慮加入的俱樂部是他們鑲鑽的俱樂部。

當時帝傑的總裁、主管銀行集團的約翰．喬斯提，向我們描述他二十五年來在帝傑工作有多幸運。帝傑是華爾街最熱門的公司，僱用的銀行家數量遠比高盛（Goldman Sachs）、摩根史坦利（Morgan Stanley）或波士頓第一銀行（First Boston）都少，但是薪水、紅利和其他吸引人的招數卻都不遑多讓。它很時髦，裡頭的銀行家年輕又積極，很多是從德崇證券（Drexel Burnham Lambert）出來的，他們勇於冒險，很會做交易，可以這麼說，是這些人定義了八〇年代的華爾街。垃圾債券（或一九九〇年代改造過的術語：高收益債券）是他們的專長，帝傑是高收益債券的大本營，而高收益債券的銷售也扶搖直上。

喬斯提打扮得就像我們心目中銀行家該有的模樣——愛馬仕領帶、手工訂製西裝、費洛加蒙皮鞋和繡有姓名縮寫的襯衫。他用帝王般的南非腔英語勸我們：

「去做會讓你覺得快樂的事，快樂過日子太重要了，我懇求你們，去尋找讓你快樂的事，而且是真能讓你滿足的事，然後不斷努力，直到美夢成真。」

接著，他講起他以政府代表團成員身分到俄羅斯，向俄國經濟首長和政府高層提供開放市場資本化建議的故事。他提到帝傑有專業的工作機會、深厚的同事之情、順暢的升遷管道，這些都在等著我們。我的老天，這個人聽起來像天才！你可以看到企管碩士熱切的回應：「我要在哪裡簽名？我願意幫你們擦鞋！洗馬桶！不管什麼鳥事，我都願意做，只要能去帝傑，跟隨約翰．喬斯提！」

然後，他在完美的時刻展現微妙又帶點尖銳的機智，讓滿屋子學生崇拜得快要昏倒。喬斯提先生把講台讓給當時掌管股票分析兼交易部門的路．查爾斯：「我要為大家介紹路．查爾斯，他負責管理我們的股票分析和交易部門。天啊，路，你哪裡找來這條領帶？好像我前天晚上去的墨西哥餐廳的桌巾。」教室爆出的笑聲震到牆壁都在搖。歡樂程度前所未見！太驚人了！真是太好笑！他們的交情好到可以在大家面前開對方玩笑！當場所有人都開始哀求：「告訴我，怎樣才能進你們公司？」

老天爺，幫助這些傻子吧。我們會在兩年之內，聽到不下四次相同的「做讓你快樂的事」、代表政府到蘇俄的故事、以墨西哥桌巾領帶介紹路．查爾斯出場的台詞。不過那是後來的事。

整體而言，企業介紹會大約持續一個小時，接下來通常是提問階段，這是拍馬屁學生大顯身手的好機會，他們可以表現給大企業主管看自己有多聰明、多博學多聞，而這些人拍馬屁的功力更是世界一流。

「請教一下，貴公司是否計劃透過國際多角化經營帶入新的營收流？新興市場對貴公司來說是否為重要的策略機會？」

「貴公司的介紹會實在很吸引人，不過，可否請教一下，貴公司的氣氛是否符合今天頂尖企管碩士很重視的企業家精神？」

「我想知道，貴公司可以運用的，同時兼顧對人類和經濟資本的尊重，又能帶來最大的經濟附加價值的競爭優勢為何？」

企業管理碩士的用詞滿天飛：團隊合作、企業宗旨、由上至下管理法、資訊時代、全球化視野、組織精簡。一個接一個。

還好噁心馬屁精只占商學院學生的很小部分，可是他們在同學間引發的憎惡卻影響深遠，其他學生幾乎毫不掩飾對這種人渣的厭惡。另一個令人安心的元素，是徵才公司的人，沒有一個例外，也都很討厭這些假惺惺的傢伙，不過這點要等到我們坐到招募桌子的另一頭才會發現（哄騙別人加入投資銀行協理悲慘生活的行列，實在有夠悲哀）。

聽到這類低能問題後，負責招募的人通常會說「這個問題很好……」，其實他們回答時心裡真正的想法比較近似於「你這小鬼給我過來，好讓我用力把這隻古馳鞋塞到你屁眼裡，好好教訓你一番。」

對招募的人來說很不幸的是，提問只是整個痛苦流程的第二階段。提問之後通常是酒會，其間互相諂媚的噁心度又更上一層樓。在酒會裡，免費的食物和酒就像滿口的奉承話一樣源源不絕。這是同時可以把肚子填飽、得大頭症和扭曲現實的大好機會，浩克霍肯[5]如果看到我們拚命彼此親熱地互相拍背，一定讚不絕口。

很多學生以為參加招待會，和招募人員見面會增加得到面試的機會，其實，真正重要的是經驗。對沒有投資銀行相關經驗，卻想改行當銀行家的人來說，這就像雞生蛋、蛋生雞一樣：沒有經驗，你就不可能入行；沒有入行，就無法得到經驗。弔詭就在這裡。唯一可行的替代方案，是在商學院一年級升二年級的暑假想辦法進入投資銀

5. 譯註：浩克霍肯（Hulk Hogan），美國演員，退休職業摔角選手。

行實習，如果夠幸運進得去的話，你到了二年級時就有工作經驗，也就能爭取全職職務的面試機會，坐上駛向夕陽的投資銀行列車。

我們的情況就是這樣。我，對投資銀行一無所知，卻願意切掉左睪丸，換取人人垂涎的暑期實習機會。楚普，以前做過分析師，了解投資銀行的工作環境，但是需要可以相信的東西。我們都需要遠景、一個可以追求的目標，我們需要夢想。

我們的夢想是克服未知的障礙、功成名就，還要享受追求夢想的過程。我們要鶴立雞群、摘下星星，至少也要登陸月球。我們要走進法拉利經銷店，說：「我要買那台。」銷售員會回我們：「可是那台車要價超過一……」我們打斷他，告訴他：「無論多少錢，我都買了。」我們會有錢、有勢，會運用我們的聰明才智，也會很快樂，而且一切都在三十歲前發生。我們要過奢華的生活，就是這樣不會錯。

這些夢想在我們靈魂裡燃燒。我們決定應徵每一間投資銀行，雷曼兄弟（Lehman）、高盛、所羅門（Salomon）、帝傑、美林、波士頓第一、摩根、貝爾斯登（Bear Stearns），我們要加入投資銀行的行列，走向舖滿黃金的大街。

二、面試和狂喜

歡迎你，冤大頭！

——姬蘭迎接夜總會客人的歡迎詞

楚普和我知道，想讓美夢成真，就必須做一些基本的事。第一步就是參加面試，楚普的面試經驗和我的很不一樣，因為他知道訣竅為何，但是面試都帶給我們很大壓力，這樣說吧，我們是對不同的事感到緊張。

唸商學院之前，我在吉德皮巴第擔任投資銀行分析師，我知道怎樣可以引起投資銀行招募人員的注意。可是這次是玩真的，這次面試是為了爭取暑期實習協理的職務，連白痴都知道這個職務可能帶來成為全職協理的機會，得到真正的工作。就像商學院人常說的：「不只是工作，而是職業生涯的第一步。」壓力之大顯而易見。

在哈佛商學院，整個面試程序歷時一個週末，三天。實在很神奇，我們透過長達好幾個月的企業介紹會、雞尾酒會和提問去認識公司，但是真正重要的面試階段卻壓縮到一個長週末裡，如果你的條件還不錯，就得在一個週末面試五到六個，甚至七個工作。這幾天通常是這樣渡過的：

禮拜五是初步篩選。你不是擠進禮拜六的第二輪面試，就是被拒在門外。禮拜六的面試通常是二對一，那種感覺真的很不好，不是只有一個人，而是兩個，讓你半個小時覺得很沒安全感。如果這個階段也通過，你就能進入禮拜天最重要的面試。那個禮拜天，你可能會和同一間公司面談三次，很多是三對一或四對一面談。問題像飛鏢朝你射來，你不是迎頭接住、回答問題，就是像驚恐的兔子避開問題，因為你不知道面試官到底用意為何。

禮拜天晚上終於來臨，如果夠幸運、白天有面試機會的話，那你就很可能接到電話，邀請你在暑假期間加入他們的公司。有時候如果太多人決定不接受某間公司的職務邀約，他們就會打電話給禮拜六面試過但是被刷掉的人，再給他們一次機會。沒錯，這些被回收利用的人知道自己是退而求其次的人選，但是他們必須得到這個人人夢寐以求的投資銀行暑期工作，有什麼就拿什麼。過程不重要，結果才重要。

面對每一間面試銀行，我都用同一套不要臉的台詞，內容大致如下：

「我在吉德皮巴第做過分析師，我知道工作時間很長，可是我有心理準備。我心甘情願，也有能力。我很快就能上手，貴公司是我的首選，你們的聲譽很不錯，能加入你們的團隊是我的榮幸。我很想替你們工作，也有能力替你們工作，我有充分的準備。因為我在華爾街待過，各家銀行我都很了解，我知道貴公司很適合我，我很喜歡分析師的工作，我真的很希望能重回投資銀行，進入像貴公司一樣優秀的公司擔任協理。」

有時連我自己都覺得受不了。不過，這套唬爛人的台詞很好用，而且還都很有用。

第一關面試在學校的小房間裡進行。第一關我毫髮未傷，進入了每間投資銀行的第二關。接下來開始好玩了，壓力也愈來愈大。胡說八道在第二關面試比較不管用，我的外表和舉止都必須誠懇，還要講出他們想聽的話。我好緊張。

第二關和第三關面試是在校園外的飯店房間進行。我走進貝爾斯登面試的房間，兩個銀行家面對我坐在那裡，他們的右手邊有一張特大號的床，前方放了給面試學生坐的椅子，後面的密閉式窗戶正對庭院，右後方是一間廁所。很標準的飯店房間。冷氣嗡嗡作響，房裡有點冷。其中一位面試官起身說：「你好，我是麥可，公用事業集團的執行董事；這是我的同事瓊安，房地產集團的副總裁。請坐。」

我坐了下來，麥可繼續說：「你在吉德皮巴第上班的時候，喜歡那裡嗎？」

用帶球上籃的問題展開面談。沒問題，只要訓練有素的狒狒都會回答。我應該靠過去用力親一下麥可：「是的，我很喜歡在吉德皮巴第上班的日子。」我自信滿滿地回答，「我學到很多，我還想繼續在投資銀行工作。」

麥可說：「為什麼想繼續在投資銀行？為了錢？還是為了挑戰？」

啊，可惡。這是無論怎麼回答都會出錯的問題。如果說是為了錢，就會像貪得無厭的討厭鬼，如果說為了挑戰，他們就知道我滿嘴胡言。回答第一題時我就幾乎要被歸類為唬爛人了，他們知道不可能有人喜歡當分析師。時間一分一秒過去，我遲遲沒給答案，顯示出我的猶豫不決。

我可以看到自己進入貝爾斯登的機會愈來愈渺茫，我的肚子也感受到緊張，下腹一陣劇痛，我說：「請問我可以借一下廁所嗎？」

「當然。」

肚子拚命狂叫，我真的好緊張，這是我第一場第二關面試，我走過麥可和瓊安，進了廁所，問題始終懸在那裡沒有答案。我腹痛難忍，動作像飛俠哥頓[1]一樣快地脫下褲子，經歷了期待、一陣輕鬆，接著是解脫的舒服，不過，我放屁的聲音有點大，我知道不出幾分鐘，整個房間都會臭味瀰漫，而且還沒有窗戶可開。我努力保持鎮定，走出廁所，再度走過麥可和瓊安身旁，坐到椅子上，拙劣地回答剛才的問題：「挑戰和錢都有。」然後答完剩下的問題，我們都裝作沒發現瀰漫四周的臭蛋味。我知道我不可能進入下一關面試。

這場面試最糟糕的部分是我知道他們知道是我幹的，不像三個陌生人坐電梯，除了始作俑者外，沒人知道到底是誰放的屁。情況很明顯，是我進廁所，弄得臭兮兮。不過下一個面試的人可能會以為貝爾斯登其中一人剛才上完大號，這點讓我很欣慰。

高盛的第二關面試也在同一間飯店進行，高盛的人請我坐在一張長桌子旁，他們一定特別要求飯店放進這張桌子，因為不可能有腦袋正常的人會放這麼大的桌子在這種房間裡。兩位面試官分別坐在兩側，我在中間，沒辦法同時看到他們，所以頭要像看網球比賽一樣轉來轉去，真的很不舒服，我知道他們是刻意這樣安排。

1. 譯註：飛俠哥頓（Flash Gordon），美國同名連環漫畫主角，多次改篇為電影和電視影集。

搞砸這場面試是在他們問我，我是不錯的分析師還是很棒的分析師的時候。我心想，該死，又是《第二十二條軍規》[2]那種問題，如果說「很棒」，那就成了自大的討厭鬼，如果說「不錯」，他們就會問我有什麼缺點。我不好意思的說：「很棒？」兩個面試官都安靜了一下，房裡一陣沉默，他們要的答案是：「我還不錯，我重視團隊合作，一直努力求進步。」其實，我知道他們要的是什麼答案，回答「很棒」顯得我自命不凡，高盛不要這種人。我覺得自己像笨蛋，明明知道他們想聽什麼居然還搞砸。

我知道高盛沒希望了。就這麼快，犯一個錯就出局。面試過程是壓力賽，想成功，就要能承受壓力。高盛要「不錯和進步中」，我給他們「很棒」，完了，我遭到封殺出局。不過這次比上次的面試進步多了，至少我沒在他們的廁所裡大便，也許我應該在他們的廁所裡大便。

2. 譯註：《第二十二條軍規》（Catch-22），美國作家約瑟夫・海勒（Joseph Heller）的小說。故事背景為第二次世界大戰末期，書中的第二十二條軍規規定，發瘋之人可以不用出任務，但必須由本人提出申請，可是，如果本人有辦法提出申請，又證明那個人沒瘋。後用來比喻荒謬的兩難局面。

禮拜五、禮拜六、禮拜天我都和帝傑面談。面試進行得很順利，最有意思是在禮拜天，我和布雷克・倫道夫、葛雷格・韋恩斯坦和法蘭克・艾拉李歐碰面。

布雷克・倫道夫的綽號是小白臉，因為他又高又帥、能言善道，像時尚雜誌的男模，到外面提案的永遠是他，他精於此道。

葛雷格・韋恩斯坦在帝傑是樣樣通、樣樣不精的人，他不知道自己有多討厭，公司裡很多人都想敲他腦袋，過沒多久我就知道他的綽號是「寡婦」，取自於黑寡婦蜘蛛，因為這種蜘蛛交配後會馬上殺掉她的愛人。

法蘭克・艾拉李歐是好好先生，我們叫他「甜蜜臉蛋」，所有資淺銀行家都喜歡他，因為他人真的非常好，這讓他十分珍貴。可是甜蜜臉蛋要和臉蛋不那麼甜蜜的人競爭，這點有時令他很為難。

我坐了下來，布雷克說：「尼克隊（Knicks）怎麼樣啊？」

尼克隊我很了。我們很談得來，我們聊到尼克該不該把歐克利（Charles Oakley）換掉，還有這是不是尤恩（Ewing）最後一次打冠軍賽，我們一直聊一直聊，一個鐘頭過去了，我們還在講尼克的事，最後，韋恩斯坦說：「我們只剩大概五分鐘了，你覺得你是不錯的分析師，還是很棒的分析師？」

這和高盛的問題一模一樣，但這次是葛雷格．韋思斯坦發問，我可以感覺到他是個自大鬼，我準備好了，答案很明顯。

「我很棒。」我說。在寡婦心目中，這是正確答案，我知道我很可能得到工作。

禮拜天深夜，我接到帝傑打來的電話。

「彼得，我是布雷克．倫道夫。就是你了，你很棒，我們想和你談談。不過在談之前，要先請問一下，有沒有其它投資銀行請你去上班？」

他們想知道有沒有別的公司要雇用我，是為了確定他們的決定是對的，如果其他公司都不想用我，那我就是破銅爛鐵，他們也應該覺得我不夠格。這是投資銀行很沒安全感的怪招術。

我說：「有啊，另外還有兩家。」其實只有一家，另一家還沒確定。他們上勾了，開始全力發動攻擊，交配舞又進入更高的層次，他們現在不只想交配，他們要瘋狂做愛。

「我們很希望你來帝傑。這裡的待遇是最好的，我們也會對你很好。加入我們吧，你是我們的最佳人選，我們都覺得你在帝傑會出類拔萃，看到你就讓我想到年輕、優秀的銀行家萊斯．牛頓（Les Newton）。你會升得很快，而且我們今年夏天會考慮加薪，也許年底會發津貼或紅利。」

加薪。太好了，尤其我得自己付學費唸商學院，很需要現金。帝傑這間投資銀行正嶄露頭角，以作風積極和待遇高於行情而聞名，一級主管都很年輕，所以在帝傑迅速晉升是很有可能的。帝傑和索羅門、雷曼、美林一類大型投資銀行不同，它精簡、剽悍、待遇高、炙手可熱，我一定很快就能融入。我說：「好啊。」就進去了。

就是這樣，一切發生如此迅速，結尾聽起來有些草率，但是事實就是這樣。即使我以前當過分析師，我還真不知道自己會踏入什麼世界。短短一分鐘的對話，我不但決定了暑期工作，也決定畢業後的工作。我選定了職業生涯，以為自己正往天堂走去。

楚普很了解遊戲規則，這是他的優勢。我沒有這個優勢，代表我達成目標的過程比較曲折。幾乎所有銀行都會將楚普這種「老鳥」列入面試名單裡，而我這種轉換職業生涯的新手就只能搶食殘羹。我們要把自己變成諂媚銀行的蕩婦，寄履歷表給大大小小每一間銀行，期盼能爭取到難以捉摸的暑期實習協理職務。就拿我來說，我寄出四十多封履歷表和求職信，結果得到三個面試機會：一間財務管理公司和兩間投資銀行，波士頓第一和帝傑。回商學院唸書、得到很棒的暑期工作、畢業後迎向更輝煌成就的偉大計畫開始在我眼前崩潰。

到了和帝傑面試時，我的夢想只差最後一步就宣告完全破滅。前兩個面試我都被刷掉，波士頓第一的面試在對方發現我根本不知道投資銀行家在做什麼時直轉急下，他們當場把我從雇用名單裡剔除。我一直認為我過一陣子就會解開這個謎團，他們可不這麼認為。經過這次大失敗，我的結論是，我唯一的救贖是坦承，我要承認自己對華爾街一無所知，但是我願意、也有能力迅速學習。我可以告訴他們我有工具，只欠說明書。我也許可以把天真無知當成優勢，讓對方覺得我可以為死氣沉沉的投資銀行帶來新氣象。

這個方法的確管用，至少一度如此。

帝傑的第一關面試我運氣很好，正好碰到公司裡比較特立獨行的人，一個是伊夫·迪湘，後來我才知道他在帝傑是以反銀行家聞名，另一個是協理羅德·費拉默。

當時我根本不知道他們是什麼人，後來一切才撥雲見日。

伊夫當時五十五歲，從前是DJ，帝傑大部分人都以為他進投資銀行是由於一連串隨機的巧合，我後來發現他做的事沒有一件是隨機的。伊夫頭頂的頭髮有些稀疏，但是兩側和後面卻長到可以綁馬尾，他很注重打扮，第一次看到他，他一身亞曼尼西裝，配上鮮紅色的蘇卡（Sulka）領帶，宛如華爾街的史帝芬．席格（Steven Seagal），我不知道他是比較想面試我，還是踢我屁股。

後來我才知道，伊夫是出了名的「舞廳」行家，這裡的舞廳是指那些主要目標是滿足男性基本需求、裡頭員工的主要目標是在最短時間內從客人身上榨出最多錢的地方。在大部分人的心目中，這些地方叫做脫衣舞俱樂部或脫衣舞酒吧，但在伊夫的心目中，這些地方永遠是「舞廳」。我想，這是為了給想去這些地方享樂的銀行家一個高尚的名字。後來有人告訴我，伊夫對舞廳非常痴迷，他甚至建立特製的電腦資料庫，裡頭包含全世界舞廳的店名、地址和品質，都以城市檢索。有了資料庫，他可以在抵達某個城市之前先安排好晚上的計畫，以確保身邊隨時有漂亮矽膠乳房的年輕女性。

我走進面談室，伊夫和羅德正把腳蹺在面試桌上大啖一大盤水果。

「你們好，我是約翰．洛夫。很高興認識你們。」

「你好，約翰，我是伊夫．迪湘，這是羅德．費拉默。希望你不介意我們在你講話時吃東西。」

「當然不介意。」

「先告訴我們你為什麼想進投資銀行好了。」

「我有被虐待狂。」

羅德笑了出來：「你是什麼意思？」

「我有被虐待狂，不是性愛那種，不過那種我也肯學就是了。我是指我喜歡很努力地工作，我希望工作時間很長，在我看來，這樣才能學得最快，這也是我的目標：了解這一行。我現在雖然不是很了解，但我覺得我很合適，我做過很多工作，不過沒做過這個。我坦白告訴你們，我不會講一堆有的沒的浪費你們的時間，我實話實說……。」

這方法居然有用，當晚電話響起時我正坐在家裡。

「喂，請找約翰．洛夫。」

「我就是。」

「你好，我是帝傑的羅德．費拉默。好消息，你通過第一關面試，我們明早會在四季飯店進行第二關面試，我們幫你排在早上九點鐘，祝你好運！」

我的天！我居然克服第一個障礙，真他媽的不敢相信。

第二關面試就沒那麼容易。

第二關面試我的人叫做傑克．蓋特斯基，資深副總裁。過沒多久我就得知他的綽號是「鱷魚」，和他搭擋的是副總裁邁克．瑞霖。

鱷魚坐下，揮出第一拳：「先說說你為什麼想進投資銀行吧。」

我開始發表那套受虐狂、對投資銀行一無所知但願意學的演說。可是這一次對方沒有反應，沒有暗笑、微笑，也沒有理解的點頭，我撞到冰山，又離岸太遠，沒人聽見我的呼救聲。

當天晚上，我又抱著一線希望坐在家裡，雖然渺茫，但我仍覺得老天爺可能會助我一臂之力，讓我進帝傑，擔任實習協理。電話響了，「喂，是約翰嗎？我是帝傑的邁克．瑞霖。很抱歉，我們沒辦法讓你擔任暑期實習協理，你沒能得到面試官的推荐。」

就這樣，我的前途一片黑暗。

我會成為華頓商學院企管碩士班一年級學生裡，唯一找不到暑期實習工作的人，數年後這個傳奇將永垂不朽，大家會記得我是「班上的敗類」。我頹然接受自己的命運。

然而，我不知道背後有股更強大的力量正在悄悄運作：性和慾望。前一天面試我的執行董事伊夫．迪湘有無法控制的性慾，而這一點竟意外地幫了我的忙。

回到十二小時前。

第一天面試結束後，帝傑的招募團隊來到費城的達克街釀酒店，用狂飲來舒緩無聊。正好我的好朋友兼同班同學，薇若妮卡，那個禮拜五晚上也和一些華頓的朋友到達克街釀酒店。薇若妮卡坐在吧檯邊喝酒，我們的好朋友伊夫．迪湘在她身邊坐了下來。出現在薇若妮卡身邊並非巧合，只要有身材姣好的金髮女郎出現，他就成了情慾的奴隸，受到無法控制的力量驅策，一心只想達到肉體結合的最終目標。薇若妮卡撥了一下頭髮，一縷金髮就跑到伊夫索價昂貴的威士忌裡，也因此提供理想的開場白。

一陣打情罵俏後，薇若妮卡發現，伊夫不只在帝傑工作，還是這個週末來華頓面試暑期協理的人，而且經過薇若妮卡進一步探聽，發現他還是主導我第一關面談的人。她明白帝傑是我暑假進投資銀行的最後希望，於是乎開始醞釀迂迴的協助計畫，她用女人的心機和一對令老色鬼無法移開視線的乳房，來對付那個待遇太高，碰上女人就沒轍的銀行家。

過沒多久，伊夫就開始餵薇若尼卡喝酒、請她吃晚餐、投硬幣到撞球桌裡讓她不覺無聊。等到他興致勃勃，薇若妮卡便展開她若有似無的攻擊計畫。

她輕鬆地把話題轉到當天的事件，也就是伊夫的徵人活動。話題很自然地帶到她怎麼認識我，以及她對我這個人的了解。薇若妮卡的胸部催眠似地在撞球桌的絨布上搖晃，開始替伊夫繪製栩栩如生的畫面，包括我是老天送給帝傑最棒的禮物、投資銀行的救星，她告訴伊夫我是她見過最聰明、最努力、最有能力的人，而且，她說已經有好幾間銀行要用我，如果帝傑不趕快來爭取，他們很可能會失去我。這真是正中下懷，帝傑不可能錯過其他銀行搶著要的人，如果其他人那麼喜歡我，那我一定很棒，棒得不得了。

薇若妮卡精心雕琢的對話，加上恰到好處的碰觸、撫摸和挑逗的眼神，威力超越最神奇的魔法。不知伊夫是真心相信薇若妮卡的謊話，還是他早就看穿，但覺得如果他幫了我，就會得到打開薇若妮卡貞操帶的金鑰匙，我永遠不會知道，重要的是，接到邁克．瑞霖通知我暑假進不了帝傑的電話後不到二十四小時，他又打來。

「喂，約翰，我是帝傑的邁克．瑞霖，你有空嗎？」

「跟您講話，當然有時間。」

「好消息。你暑假不能進帝傑的消息似乎傳到上頭，有人替你求情，他們決定增加一個名額，如果你願意的話，那個人就是你了。」

我當場就知道我會接受這個工作，但也知道為了面子我得裝模作樣：「讓我想一想吧，你們什麼時候要知道結果？」

「最好在一個禮拜內。」

我進去投資銀行業了。不到七十二小時，我去面試、被踢掉、又復活、得到工作機會，然後在幾乎毫無頭緒的情況下決定接受工作，一個將左右我接下來三年生命的工作。

看來是在劫難逃了。

三、暑期新兵訓練營

只要錢的數量對了，你連狗罐頭愛寶都肯吃。

——瑞奇・傑克森

帝傑的暑期實習在五月底戰戰兢兢的展開。第一天員工訓練在各商學院春季班結束後一個禮拜，我們坐在帝傑的曼哈頓堡壘深處的會議室，圍著一張美國早期的古董橡木桌。那是我第一次看到洛夫，我記得他流很多汗，看起來很緊張。我們一共有九個人，八男一女，三個哈佛、三個哥倫比亞、三個華頓。

員工訓練很快就結束，大概只有兩小時。不時有一些全職協理和一些比較資深的銀行家前來歡迎我們，他們要確定我們了解被帝傑挑選為暑期實習協理代表什麼意義。我們是頂尖中的頂尖、華爾街財務專家中的精英，暑假期間他們不會把我們捧在手心，不會的，他們會把我們當成真正的、全職的協理對待。我們馬上就得上手，因為我們要接案子，其他銀行也許為了引誘暑期實習協理在夏天結束後簽約成為全職員工，整個夏天都請他們吃吃喝喝。帝傑可不會這樣。他們向我們保證，暑假結束時，我們一定明白在帝傑當全職協理是什麼模樣。如果我們真的願意努力，也夠幸運在秋天拿到夢寐以求的全職協理聘書，我們就能根據經驗去作決定，因為到時候我們會很了解情況。當然，我們都心知肚明裡頭的含意——到最後有機會擔任全職協理卻拒絕的人就是笨蛋，好比邊遠郊區的教區牧師獲選為教宗卻拒絕就任一樣，天底下不可能有這種事。

想獲得全職工作機會的期待，成為那年夏天所有行為的動力。我們最希望的就是秋天接到邀請我們畢業後進入帝傑工作的電話。熬夜工作、忍氣吞聲、對工作全心奉獻，全都源自於這個單純的期待。

我們都知道暑期工作的遊戲規則，這是適者生存的遊戲。我們一共有九個暑期實習協理，也許有六個全職機會。我們都知道要替有聲音的執行董事工作，因為在考慮人選時他們會為我們說話。如果可以拚命巴結，得到那些執行董事的支持，就能成為全職協理。我們會厭惡自己變成噁心的馬屁銀行家，但如果想得到全職工作，就必須遵守遊戲規則。

所以，我們的夏天會在抱提案書、分析資料、假笑、熬夜、作賤自己逢迎巴結中渡過。我們是一群馬屁精，是資深銀行家的忠實僕人，我們得努力工作，避開任何衝突或反抗，如果我們反抗，執行董事就會去找更聽話的僕人，這樣我們就得不到全職工作。所有心血毀於一旦，我們也完了。

一旦得到全職工作的邀約，就能安下心，把它拿去和其他公司交涉，而且唸商學院二年級時還可以在額頭刻上斗大的「去你的」三個字。問題是，我們的慾望人盡皆知，公司裡每一個銀行家都打算好好利用，最厲害的還會一邊在我們面前搖晃黃金胡蘿蔔，一邊在我們背後揮舞皮鞭，勸勉我們再加一把勁。

競爭全職工作機會也在我們之間丟入邪惡的因子。身為暑期實習協理的一份子，我們理當互相幫忙，畢竟我們都是團隊中的一員，但是我們不知道到了秋天，全職工作名額究竟有多少，如果九個人中只有六個能脫穎而出，那又何必在困難中互相幫助？其他人的機會可能就是我們的損失。

事實上，我們甚至還有某種程度的動力，企圖為了自私的目標破壞別人的工作。所以訓練那天早上，我們圍著桌子坐在那裡，小心翼翼地彼此打量，空氣中瀰漫著一點不信任。

所有重要資訊都在那兩小時訓練中傳達：禮車接送公司帳號、晚餐報帳程序、何時可以或不可以搭頭等艙出差的規定。訓練結束時，怎麼靠公司的錢過奢華生活的祕密全都昭然若揭，我們即將成為真正的投資銀行家。

牛棚

早餐會結束後，我們到了新辦公室。暑期實習協理的辦公室位於銀行內部一個叫做「牛棚」的地方。就每個人記憶所及，每一年夏天的牛棚裡都是實習協理。到了八月，實習協理離開後，就改由第一年全職協理占據。前一年一起窩在牛棚裡的第二年協理就會離開牛棚，四散到其他辦公室。所以牛棚裡永遠是協理當中地位最低下的一群，如果撇開分析師不談，也是帝傑所有銀行家當中，地位最低下的一群。理所當然的，銀行家愈資淺，工作就愈辛苦，所以牛棚一年三百六十五天都在運作。

牛棚是堡壘。就和載奴隸的船一樣，位於辦公室正中央，在訪客永遠看不到的地方。裡頭有十一間辦公室，五間單人、六間雙人，中央是頗大的公用空間，地毯舊舊黑黑，牆壁髒兮兮。有人一度想增添一些人情味，在公用空間放了幾株盆栽，這些植物的葉子老早就幾乎掉光，像漸漸腐敗的屍體矗立在那兒。不知道那個人是誰，但他應該想到的，牛棚裡沒有窗戶，日光燈不可能有助於任何生物健康成長，無論是植物還是動物。

實習協理的辦公室都沒有窗戶，裡頭放有制式的鋼製辦公桌和檔案櫃，以及可調整的椅子。辦公桌和檔案櫃像是從北大西洋公約組織運過來。椅子稍微新一點，這是一定要的，因為接下來幾個月裡，我們醒著或睡著的大部分時間都會在這張椅子上。這些傢俱坐落在老舊的地毯上，牆壁上有無數鞋痕，日光燈像高壓電嗡嗡作響。我們進駐時，大部分前人的遺跡都已經清乾淨，可是不出幾個禮拜，每一間辦公室又會恢復成老樣子——亂成一團的提案書、財務檔案、研究報告，沒有私人物品，沒有至親好友的相片，帝傑現在是我們的家了，沒人能與之相比，我們只對帝傑忠心耿耿。

牛棚和帝傑其它辦公區域截然不同。帝傑頗以收藏美國早期的藝術品、歷史文物和古董為榮，這些珍品都拿去裝點走廊、等候區和執行董事的辦公室，但是牛棚沒有。牛棚裡全是公事，這也很合適，因為大部分公事都是在牛棚完成的，牛棚的居民對這種貧乏有一種怪異的光榮感，它也讓那些想像力太豐富、以為自己選擇了光鮮亮麗行業的人看清楚殘酷的現實。

牛棚的氣氛很大一部分是受其糟糕的外觀影響，另外也很重要的是裡頭年輕銀行家的壓力。其他人施加在他們身上的要求，融合渴望不要搞砸的心態，製造出的緊張氣氛不亞於杜克大學對北卡羅萊納大學的籃球賽。咒罵聲隨時從牛棚各辦公室傳出——「幹」、「狗屎」、「混帳」、「可惡」、「爛人」。這些通常是帝傑資深銀行家來電所引發的反應，因為他們對已經疲於奔命的協理作出無理的或是沒有必要的要求。牛棚瀰漫著對資深銀行家的怨恨，使資深銀行家對這片地區是敬而遠之，只有最勇敢的人才敢踏進裡面，即使辦公室就在牛棚附近的資深銀行家也多以電話和裡面的員工聯絡，對人身安全的擔心超越想第一手體驗牛棚氣氛的慾望。

不過，擔任實習協理的第一天，我們對這些一無所知。我們熱情又單純、眼睛中閃耀著希望，而且，我們剛進牛棚的那一剎那，根本看不到它悲慘的狀況，因為眼前出現四個我們在同時同地見過的、最柔媚婉約的年輕女性，第一眼看去，她們就像《娃娃谷》[1]基因庫製造出來的產品。我們的祕魯裔同僚因瑞可．赫南德茲．弗蘭卡，後來這麼形容：「寶石，每一個都各有風姿。我必須堅持自己的品味。」

1. 譯註：《娃娃谷》（又名飛越美人谷，Valley of the Dolls），一九六六年出版的暢銷小說，作者為賈桂琳．蘇珊（Jacqueline Susann），描述三個美少女闖蕩好萊塢的故事，後改篇為電影。

這四個人是我們的助理，簡稱BA。她們的工作是協助我們、引導我們，負責接電話、製作圖表、準備文件、安排出差行程、維護資料庫，在當時，這些受命到牛棚工作的四個人比我們實習協理加總起來都更了解投資銀行。她們兼具聰明、美麗、耐心，但那天我們站在那裡盯著她們，只看到她們的美麗。

她們向我們自我介紹：海瑟、希拉蕊、霍普和提芬妮。後來第二年協理告訴我們，帝傑長久以來的傳統是暑假期間至少要有一個實習協理和助理上床。那天有八個人躍躍欲試，如果我們當中唯一的女生有一絲絲同性戀傾向，我們八個就會目標一致，一起去追那四個女孩了。

我們聚集在牛棚中央閒聊，討論我們什麼時候會開始辦案子。雖然我們幾乎都搞不清楚到底要怎麼辦，但我們知道我們得辦，我們現在還沒、但最好趕快開始，因為我們只有十個禮拜可以證明自己的能力。

兩個全職協理，理德．魏克斯勒（簡稱魏克斯）和馬克．布朗負責暑期實習協理計畫。他們的任務是確保我們有愉快的經驗，以及引導我們穿越帝傑的政治迷宮，他們要公平地分派工作，在接到電話後替資深銀行家尋找身強體健的苦力。整個夏天，他們都會在牛棚裡和我們一起辦公，分享我們的成功、同情我們的失敗。

那一天，他們給了我們很有智慧的建議：「不要擔心，工作一定會來，千萬別希望有更多工作，因為噩夢一定會成真。如果七點鐘，你沒有事要做，就回去吧，回你他媽的家。」當然，他們的金玉良言我們都沒聽進，我們四處環顧，看到同僚都還在做事，就覺得自己也一定得待在那裡做些什麼，我們都不願因為不夠努力而失掉全職工作機會。

我們當中有一個人很快地就開始辦案子。在牛棚無所事事幾小時後，魏克斯的電話響了，三十秒後，我們聽到他從辦公室裡大叫。

「誰要案子？」

當然啦，大家都想要。但是基於禮貌，我們都沒有表現地太熱切，當場一陣安靜。

「我說，你們哪一個滑頭的傢伙想辦案子？佩倫塔茲在嗎？你有高收益債券經驗對不對？進來，我來教你，你兩小時內要坐飛機到克里夫蘭，現在就要開始草擬高收益債券的交易。」

草擬？高收益債券？聽起來好刺激。我們的同僚佩倫塔茲，現在的綽號是

「滑頭」，上班第一天就要去搭飛機，他如果像我們一樣白天訓練有仔細聽，他就要嚐到搭頭等艙的滋味了。這就是生活啊。滑頭上班不到幾小時就開始辦案子，我們過沒多久也一樣。一個禮拜後，我們都能駕輕就熟地執行交易。而這正是我們期待的。

熱忱和恐懼

不幸的是，洛夫和我都知道，光靠熱忱沒辦法幫助我們得到工作，所以我們必須等待……，再等待……，又等待。一直到四天後，星期四下午，我終於接到期待已久的電話。洛夫又等了一個禮拜才接到電話，這讓他覺得很困擾，開始擔心自己是受歧視的賤民。

眼看楚普和其他人不出幾個禮拜都得到工作，我無法理解為什麼沒有人想和我共事。我不知道指派工作的過程有多隨機。前兩個禮拜我坐在辦公室裡，時而盯著手錶，時而玩著電腦裡的踩地雷遊戲，我成了踩地雷高手，可是對投資銀行還是一無所知。一天一天過去，同僚慢慢地都得到了工作，只有我沒有，我愈來愈恐慌，我看到夏天從我眼前溜走，而我一事無成。不過，等到我終於得到工作時，我很快從擔心永遠沒機會證明自己，到發現我根本沒辦法證明自己。如果無知就是福，那我的福氣應該不輸載滿統一教[2]教徒的神奇巴士。很不幸的，在這個行業裡，無知比較像職場自殺。

電話是魏克斯打來的。

「洛夫，我有案子要給你。我們有一個客戶是財務資助者（financial sponsor），打算買一間醫療用品公司，他們可能要我們提供一些高收益債券的資料。我們需要模型、比較分析，全部都要。我辦公室裡有一些資料，可以讓你快點上手，你拿去看一下。」

太棒了，替惡意併購籌募垃圾債券，不會有更棒的第一筆交易了。我到魏克斯辦公室，他指向一疊五百頁的文件：公司的公開財務資料、競爭對手的財務資料、公司

2. 編註：統一教全稱為「世界基督教統一神靈協會」（或譯為「世界基督教聯合神靈協會」），教主是韓國人文鮮明（Moon Sun Myung），因此之故，西方人稱該教信徒為「文派」（Moonies）。因此具有極濃厚的東方色彩，故又有些人稱之為「東方的基督教」。一些國家和地區的政府、媒體、基督教會和民眾則視之為「邪教」。

研究報告、該行業研究報告。我拿回辦公室，開始一字一句讀，我對醫療器材業一無所知，有好多東西得學……，至少我當時是這麼認為。

魏克斯沒有很好心，他沒有告訴我投資銀行協理的重要格言：「汝應遞交所有文件，免受罪責。」只因他給我五百頁文件，完全不代表我應該五百頁全讀，魏克斯給我五百頁文件，只為了讓別人不能指控他沒有給我所有相關文件，那是為了自我保護，我必須決定何者相關、何者無用。兩小時過後，我唸了大概一百頁，魏克斯又打電話來。

「洛夫，那堆鬼東西你看完沒？」

「還沒，我只看了大概四分之一。」

「這樣不行，我們今天傍晚前需要融資收購分析，六點鐘要和葛雷格．韋恩斯坦開會，他們叫他寡婦不是沒原因的。你最好振作一點，這傢伙最愛拿實習協理開刀。」

我開始恐慌，這個叫寡婦的傢伙究竟何方神聖？我在商學院做過財務試算表，不過是花了好幾天，不是幾小時。吞顆迷幻藥、買台廂型車，然後開到聖塔克魯斯的念頭閃過我腦海：「魏克斯，我不知道我能不能那麼快做出來，可別忘了這是我第一次做。」

「好吧，洛夫，這樣吧，本來不應該指望你們這些實習協理跟我們一樣高效率的，尤其因為你還得學東西。不過這次我要通融一下，因為我們有時間壓力，我會找楚普來，他以前做過分析師，知道怎麼做模型，你現在只要負責想一些簡單的交易乘數[3]就好。」

一陣輕鬆湧來，我不用做模型了，我能夠先發制人阻止必然的失敗，我坐回椅子裡，鬆了一口氣。現在我可以用接下來的幾個鐘頭構思交易乘數，問題是，我慢慢發現，我不知道什麼是交易乘數。幹，這次我沒辦法那麼容易逃過一劫了。我得咬著牙坦承我的無知，我又打給魏克斯。

「魏克斯，我是洛夫。有點小問題，我不是很確定什麼是交易乘數，你可以幫我嗎？」這真是太、太丟臉了，「對不起，我覺得自己好像白痴。」

魏克斯沉默了一下，然後說：「我的老天，他們從哪裡挖來你這個寶？我沒時間管這種鳥事，打電話給楚普，請他解釋給你聽好嗎？別忘了，我們今晚六點要開會，

3. 譯註：交易乘數（transaction multiple），評估公司價值的方法。此分析法是將業界相似交易的成交價格納入考量、當作基準，再對照利潤或銷售量一類的參數。

你最好振作一點，趕快弄清楚。」

我打電話給楚普，告訴他，他需要解釋給我聽、告訴我該怎麼做。電話那頭出現一陣沉默，他從沒遇過這種事，他也要搞定全職工作機會，所以他幹嘛幫我？他一面搖頭一面走進我辦公室，他從來沒見過這樣超過的笨蛋，也許，他覺得我在考驗他，或者更有可能的，他在擔心我會很變態，把我的白痴當成攻擊他的武器，畢竟無知可能是最致命的武器。

楚普熟知投資銀行術語，他像教小三學生一樣用卡片教學，傳授知識給我，我在研究所上過財務理論課，但是楚普去掉廢話，只教我真正重要的東西，「你需要這樣做，就像這樣子。」他告訴我。

他一邊教一邊說：「不要怕寡婦。有人說他是自大的討厭鬼，可是他面試過我，他沒有那麼糟，我會幫你好好做模型，你只要嘴巴閉著就不會有問題了，這個交易不可能執行，只要看一下數字你就會發現。」

當天晚上六點鐘的會議十分成功。我聽從楚普的建議，安靜地坐在那裡，只要寡婦一發言，我就猛點頭，並隨機發表一些希望不會讓人發現我缺乏投資銀行知識的意見。

「啊，沒錯。」

「當然。」

「真有趣！」

「一點也沒錯。」

如同預料中的，不到二十分鐘這筆交易就胎死腹中。楚普說的沒錯，他做的模型和我經過指導才計算出來的交易乘數，都顯示投資回收不足以讓財務資助者繼續考慮這筆交易。值得安慰的是，我找到一個新朋友：楚普。他拯救了我，使我免受寡婦致命的利爪攻擊，為此，我欠他一條命。

洛夫和我一起合作之後，我們很快就成了好朋友，洛夫初次涉足投資銀行世界後，欠我一個人情。他很嫩，真的很嫩，但是他很聰明，而且不會自以為是，這是很大的優勢。如果教他一些東西，我就能信賴他，我知道我需要這樣的幫手。

社交場合：第一晚出遊

帝傑的暑假不全是努力工作和百依百順。帝傑有一套計畫，這套計畫的目標是讓我們在暑假期間嚐到過好日子的滋味，進而期待更多。他們計畫讓我們看到全職協理生活的縮影，屆時，他們會用一連串精彩的活動轟炸我們——正式舞會、昂貴晚餐、參加執行董事在格林威治宅第舉辦的私人宴會，好讓我們相信，只要對工作一心一意地奉獻，我們有朝一日也可以過這種好日子。不過夏天的重點在於讓我們看到投資銀行家是一群多悠閒多隨和的人，儘管大家都以為他們的性情急躁又易怒。

帝傑的暑期體驗圍繞一系列社交活動：晚餐、狂歡渡輪[4]、棒球賽、舞廳，每週至少一個。我們事先已受反覆告誡，了解他們不只希望我們參加這些社交活動，而是認為我們必須參加。從進帝傑第一天開始，我們就了解到，如果想得到全職工作機會，參與社交活動和工作表現同等重要，當然，這個建議到了第三個禮拜，大家經常工作到半夜時，便如預期中地被我們拋在一旁。

4. 譯註：狂歡渡輪（booze cruise），此類渡輪通常提供大量酒精飲料，乘客在船上喝酒、跳舞。

暑假第一場社交活動落在第一個禮拜四，因為還是第一個禮拜，大家都踴躍參加。負責暑期活動的全職協理魏克斯和布朗打算採用循序漸進法，先帶我們到附近的烤肉店吃飯，接著去位於中城（Midtown）的狂歡舞廳（Le Bar Bat）跳舞，除了暑期協理之外，參加這些活動的人通常包括學長能找到的所有全職協理和我們的四個助理，助理的出現不只確保這麼大一群自命不凡、幾乎清一色男性的銀行家不會被誤認為西村（West Village）來的男同志，也讓我們有追求助理的機會。

我們一到餐廳，人都還沒坐穩，酒就不停地送上。酒精轟炸是羅德・費拉默的功勞，他就是當初到華頓面試洛夫的人。費拉默是老派的暴發戶，在康乃狄克州格林威治市出生長大。他花多到荒謬的錢追求肉體的歡愉，並因此而在帝傑出名，據說他有一次去墨西哥出差，花了三千美元找了兩個當地妓女到旅館服務他。要知道美國南邊妓女的平均收費不到五十美元，就能明顯看出費拉默完全無法抗拒高檔娛樂的誘惑。

不過，那天晚上不是費拉默對肉體的慾望左右我們的命運，而是他對醉酒的嗜好。費拉默立刻開始替每個人點酒，不管我們要不要，這讓我們有些為難。我們想表現出專業，可是酒精肯定會讓我們放鬆到危險的地步。酒杯在我們面前遞來遞去，我們顯然逃不過醉酒的命運，我們必須有團隊精神，若想在投資銀行界出人頭地，就要看我們願不願意犧牲小我，完成大我了。

費拉默大聲問道：「他媽的，怎麼大家沒在喝？」終結所有人的猶豫。我們都喝掉眼前的德國藥草烈酒（Jaegermeister）。

我們第一場晚餐是純正的帝傑風格——毫無節制。我們坐下後，女服務生上來幫我們點開胃菜，費拉默主動替大家作決定：「每一樣都來三份。酒要一直上，我不要看到有人的杯子是空的。」食物一波波湧來，我們狼吞虎嚥，過沒多久，我們不只攔下所有經過的女服務生加點食物，連清桌子的小弟也難逃我們的魔掌。

我們離開餐廳、朝著狂歡舞廳前進時，已經滿肚子酒精。在狂歡舞廳的幾個小時，我們持續狂飲，也愈來愈歡樂。然後羅德·費拉默出現傷風敗俗的行徑。

我們的助理霍普，那天晚上以愈來愈快的速度灌酒。酒精、悶熱，加上舞廳的音樂讓她受不了，她站在吧台前等下一杯酒時，突然不由自主地想要嘔吐。她把頭埋在吧台下，開始吐出烤雞和蘭姆酒的混合物。原本站在舞池裡的費拉默見狀，馬上移到吧台邊，看到她開始嘔吐，費拉默把霍普的暫時無力解釋為公然猥褻的好機會，他迅速到她身後，掏出他的禍根，在她持續嘔吐之際，跨坐在她屁股上，然後抓住她的臀部，開始從後面以狗都會臉紅的動作磨蹭她。

我們從舞池裡看到他的舉動，都傻住了，這個人真的有這麼飢渴嗎？到底是什麼情形？我們認識的一些投資銀行家都是很好的人，是壓力導致另一些人崩潰嗎？我們不知道。也許是因為睡眠不足，也許是缺乏社交生活，也許是因為終於有機會可以欺負別人，而不是遭人欺負。

不過當時，我們無論如何也沒有預料到，不久的將來，我們成為全職協理之後，也會做出下流到難以想像的事。如果一天工作二十四小時、一個禮拜七天持續處於壓力下，真不知道會做出什麼事來。

社交場合二：和董事長共進晚餐

並非所有實習協理的社交活動都像第一次在狂歡舞廳酒吧那麼精彩，也有很多平靜的晚餐、棒球賽和喝酒跳舞活動，有一些則是因為活動本身而值得一提。其中最教人期待的莫過於和狄克．詹瑞特在林克斯俱樂部（Links Club）聚餐。狄克．詹瑞特是帝傑創辦人之一，也是華爾街的傳奇人物。他是公平人壽保險公司（The Equitable）的董事長，此公司為帝傑母公司，也是全美最大保險公司。詹瑞特除了因是帝傑創辦人而出名，也因為他在九〇年代初期，曾在挽救瀕臨破產的公平人壽保險公司中扮演重要角色。我們這些實習協理能有機會和他見面真的很榮幸。

基本上，我們之所以能見到詹瑞特，就像一個資深協理說的：「這是一年一度的傳統，老頭咬牙忍耐一個晚上，和實習白痴握個手。他們大概覺得把詹瑞特端出來炫耀，可以確保大家到了秋天會接受公司的全職工作邀約。」

林克斯俱樂部的晚宴安排得很棒，主人是親愛的狄克．詹瑞特。林克斯俱樂部是男性專屬俱樂部，會員都是紐約市菁英中的菁英。為了讓我們的女同僚暑期協理戴安出席，必須事先特別申請，即便如此，戴安也只能進入林克斯俱樂部幾個特定的房間。

晚餐之前是雞尾酒會。戴著白手套的服務生一一招呼我們，替我們點飲料，端上放有蘑菇和生蠔的托盤。詹瑞特也一一招呼我們，盡其所能地以最優雅的態度，專心聽我們結結巴巴地說自己有多榮幸見到他、有多感激暑假能有機會到帝傑工作。

晚餐平順地進行，座次基本上是以大風吹方式決定。我們都搶著坐離詹瑞特遠一點的位子，雖然他異常友善，我們仍覺得要和生活層次和我們有天壤之別、根本不可能在乎我們說什麼的人交談有點不自在。扣掉商學院貸款之後，我們身價多半只值五十美元，詹瑞特身價則是好幾億；我們年輕，他年老。我們沒有任何共通處，加上我們知道他會假裝關心我們悲慘的生活，更是讓我們想逃避和他對話。

用餐後的點心時間由問答階段取代晚餐時的閒聊。我們之前就已經接到警告，要我們至少準備一個聰明的問題。我們一如老樣子滿嘴廢話，把商學院學來的東西組合成無意義而空洞的問題，詢問關於帝傑的未來。只有一個同僚在這階段脫穎而出——麥克．史蒂文斯。

史蒂文斯是哈佛人。雖然研究所唸哈佛，他大學是在另一所常春藤名校賓州大學度過。他很高大，大學時是賓州大學的橄欖球校隊，身材加上經典的西瓜頭，真的就像《怪胎家族》（The Munsters）裡的管家勒屈（Lurch）。

暑假下來，我們都覺得史蒂文斯有躁鬱症。他一興奮起來誰也擋不住，暑期協理的辦公室裡都有一顆海綿橄欖球，那是帝傑最近承銷首次公開發行股票的海綿製造商送的禮物，史蒂文斯常在牛棚各辦公室裡以腹部夾球，在地上滾來滾去，同時宣布要傳授我們橄欖球知識，試圖在辦公室地板上教導助理如何搶到掉球。

回商學院唸書前，史蒂文斯和我同在吉德皮巴第擔任分析師，他是我見過最專一、最積極、最聰明的人。在吉德皮巴第期間，史蒂文斯有一次花一整個週末把廢紙揉成球團，將同事的小辦公間塞到及腰處，那個同事禮拜一早上上班時氣得要死，但連他都不禁佩服史蒂文斯的毅力。

不過，史蒂文斯的決心和毅力也有其黑暗面。他脾氣是出了名的壞，時常和未婚妻在電話裡大吵，音量通常大到牛棚裡沒有一個人能逃得了他大聲咒罵的聲音，除此之外，我們也覺得自從他來上班後，帝傑總務處的人應該會採買很多電話聽筒以備不時之需，因為只要接到執行董事打電話來提出他不欣賞的要求，史蒂文斯就會拿聽筒狂敲辦公桌，直到敲到稀爛。

史蒂文斯能承受的工作量遠遠超越我們任何人，在帝傑的夏天，他大部分心力都集中在保險金融業務上，這個領域他相當專業。我們其他人手上有一、兩個案子就忙得不可開交，他同時可以負責三個交易和好幾個提案。事實上，在我們和詹瑞特吃飯前的七十二小時，他同時在寫五本提案書，這對任何人來說都是不可思議的壯舉，更遑論實習協理。他已經好幾晚沒睡，史蒂文斯的身體和心理的容量都已經到了極限。但是根據帝傑統治階層的指示，詹瑞特的晚宴非參加不可。

所以七十二小時沒闔眼的史蒂文斯坐在那裡，肚子吃得飽飽的，努力在晚餐後的問答階段保持清醒。洛夫和我就坐在他對面，親眼看到他吃飯時好幾次幾乎要睡著，每一次他都打敗睡意，保持清醒，但是每一次都需要更大意志力，有時他的眼睛只開一條線，看起來好像喝了半加侖米酒的韓國戰鬥機飛行員。問答期間出現短暫沉默之際，史蒂文斯決定發問，不過他的目的主要是讓自己保持清醒，而非聽到答案。

「詹瑞斯先生，可以麻煩您告訴我們，接下來幾年裡，帝傑打算把重心放在什麼有成長潛力的產品或行業之上？」

「麥克，沒問題。」已經記住我們名字的詹瑞斯回答。

詹瑞特開始解釋投資銀行界哪些區域有發展潛力，我們對面也出現史詩般的壯烈掙扎，詹瑞特嘴裡吐出的每一個字都讓史蒂文斯的眼皮愈來愈重。睡意好幾次打敗意志力，他的頭開始往後倒，不過又在最後一分鐘猛然回到直立狀態。最後他再也沒辦法了，頭整個往後倒去，嘴巴張得老大，在董事長回答他剛才發問的問題時，沉沉睡去。

還好，詹瑞特人真的很好，他沒有因此而生氣，換作肚量小的人，很可能趁機好好羞辱史蒂文斯，或至少把龍舌蘭酒倒進他張開的嘴巴，讓酒直接灌入食道。詹瑞特快速回答完問題，繼續下一個，在投資銀行的生態叢林中，這個人真的很有紳士風度。

動力二號

除了史蒂文斯和滑頭之外，整個夏天我們都沒有特別讓人羨慕的交易經驗，我們幾乎都在寫提案書，只有零星的交易，十個禮拜根本沒辦法從頭到尾觀察一筆交易的完成過程，但是足以替潛在客戶作好幾次提案。說到提案，有一個執行董事絕對可以拿冠軍，那個人叫做威廉．迪本納達堤，其他執行董事叫他比利[5]，不過我們叫他「泡泡」。

泡泡這個人還真是有趣。他進帝傑才兩個月，就已經得到帝傑有史以來最可怕的提案書創造者的封號，他從雷曼兄弟跳槽來帝傑時從資深副總裁升到執行董事。據說他是雷曼兄弟資淺銀行家最痛恨的對象，他離開時所有分析師還大開慶祝會，其喜悅程度直逼耶穌復活。泡泡人很矮，介於矮子和侏儒之間，大家一致認為他暴君般的行徑應是拿破崙情結作祟。帝傑聘請他進入併購部門，是為了強化銀行諮詢業務的陣容。

5. 譯註：比爾、比利（Bill, Billy）皆為威廉（William）的暱稱。而下一句提到的「泡泡」（Bubble）則因為英文開頭的字母跟比爾一樣。

投資銀行有一個很重要的原則——重點不在於你做什麼，而是替誰做。做提案書不一定要熬夜，但是替泡泡做就一定是一天工作二十四小時、一禮拜七天，還要忍受很多羞辱和不足為外人道的心酸。

泡泡的重心在全球的金融買家。這群人拿借來的資金從原來業主手中買下公司，稍微改變一下營運策略，幾年後再把公司賣掉，藉此大撈一筆。這些金融買家整體而言有過幾年榮景，投資報酬率創下歷史新高，因此吸引很多想加入賺錢行列的投資人，大量資金在尋找可以收購的公司。泡泡認為他的任務是盡可能替金融買家找到併購的對象，而且愈多愈好，在理念上，這個想法很簡單，但實際上又是另一回事了。

泡泡替幸運的買家準備的提案書可能包含五到二十個可能的併購對象，提案書會列出每一間併購對象的產品、最近的新聞、從過去到現在財務狀況的細節、目前的資產結構、評估參數、股東資料、所有資深經理人及董事會成員簡介。這些加在一起會是很多資料、很多頁，提案書會變得很重，泡泡就喜歡這樣。既然對方很可能連考慮都懶得考慮，編輯這些必要元素的協理和分析師應該不用花太多腦筋，可是，協理和分析師在負向增強（negative reinforcement）6訓練之下，培養出對細節的重視，編輯提案書因而變成大事。分析師和協理替泡泡做提案書，宛如中世紀的修士編寫神聖經書。

泡泡發現暑期實習協理製作提案書的能力之後，就開始直接指派實習協理製作厚重的提案書，跳過一般分派工作的管道，他喜歡親手捕捉牲畜。幾個禮拜過去後，他的企圖心愈來愈強烈，每一本提案書包含的公司數量也愈來愈多，泡泡的提案書不停擴張，最後成了活生生會呼吸的怪物，單單一個協理無法將之馴服，提案書得好幾個協理合作才能完成。

泡泡提案書的代表作是「動力二號」，泡泡替所有專案取代號，因為他覺得這會增加案子的神祕感，而且他相信所有人都想偷他的點子，所以要求所有合作的資淺員工發誓要守口如瓶，在泡泡心裡，競爭對手甚至想竊聽他的行動電話，藉以剽竊他的專業成就。凡是打電話到泡泡的行動電話或和他在飛機上通話，都要遵循嚴格規定：永遠不能直接提到任何公司名號，必須用暗號。這樣一來，對話如果遭斷章取義，往往聽起來很可笑，例如：

6. 編註：因表現出某種行為而促使厭惡性事物消失。

「喂，我是比爾。我在想，我們要不要分析一下大熊買下裸麥麵團的白鳳豆事業部？」

「好的，比爾，可是裸麥麵團的小精靈事業部怎麼辦？」

「假設它納入大熊的爪子部門。」

好像在聽嗑過藥的巴菲特（Warren Buffet）講話。

動力二號理所當然是接續動力一號。動力一號為滑頭在全職協理布來恩．哥德法布和分析師亞當．戴維斯的協助下完成的提案書。動力一號和二號的提案對象為所有金融買家，動力一號就像廉價妓女在華爾街金融買家手中傳閱。泡泡向佛斯特曼．利得（Forstman Little）、橡樹（Oaktree）、KKR和凱爾索公司（Kelso & Co.）推銷動力一號，這些公司都是融資收購業的翹楚，雖然沒有人上勾，泡泡在華爾街走一圈後更是勇氣倍增。也因而誕生了動力二號這隻怪獸。

泡泡構思的動力二號比一號更有企圖心。動力一號只介紹十間公司，動力二號會增加一倍，由於提案書的內容多了一倍，也必須增加人員配制，才能讓這頭巨獸即時問市。

洛夫很快就建立出提案書大師的聲譽。純粹運氣使然，他沒有實際的交易經驗，反而有豐富的提案經驗。為了化腐朽為神奇，洛夫決定，既然大家只叫他提案，他就要卯足全力培養出讓其他實習協理都望塵莫及的製作提案書能力，所以，他受命加入原始的動力一號團隊，創造動力二號，一點也不令人意外。他加入之後，團隊就有五個成員：泡泡、哥德法布、滑頭、洛夫和亞當。泡泡一發號施令，大家都跳起來。問題是這個團隊裡有一個全職協理、兩個實習協理和一個資深分析師，這四人在帝傑的層級相去不遠，如此情況，加上大家對泡泡的厭惡和不尊重，導致沒有人願意主導這個計畫、敦促它的完成。

哥德法布在忙另一個房地產的案子，亞當像狐狸來無影去無蹤。所以，洛夫和滑頭很幸運地成了動力二號的執行人。動力二號歷經無數次改寫，最新版本往往不到兩小時又被更新的版本所取代。

將動力二號提案書呈獻給金融買家的日子漸漸逼進，瘋狂度也漸漸升高，泡泡就快爆炸了，他一小時至少打兩次電話給洛夫或滑頭要求他們修改提案書。提案書首次登場的前一天，泡泡按原訂計畫出差到芝加哥處理另一件案子，洛夫和滑頭很期待他的出發，因為，儘管知道他還是可以打電話，他們認為泡泡來電要求修改提案書的頻率至少會稍微降低，不然起碼泡泡在空中的時候，他們也能暫時逃過他煩人的電話攻勢。他們不知道的是，泡泡只用了一通電話，就鞏固了他的討厭鬼聲譽，也讓他們見識到，以為自己可以逃過主人的魔掌有多愚昧。洛夫是接到泡泡第一通熱情電話的「幸運兒」。

滑頭和我一整個禮拜都在瘋狂整理動力二號，已經快要完工。泡泡搭下午三點半的班機到芝加哥，十五分鐘後、三點四十五分我坐在辦公室裡，電話響起，助理海瑟接起電話。

「洛夫，比爾．迪本納達堤在電話上，他說是急事。」

我的平靜破滅。

我大聲叫滑頭：「滑頭，過來。泡泡打電話來。」

滑頭從辦公室跑來，我接起電話。

「喂，比爾，我是約翰。佩倫塔茲也在這裡，我要把電話轉成免持聽筒。」我打開擴音：「好了，比爾，現在我們都可以聽到你的聲音了，有什麼事？」

「你們好。對不起，電話可能不太清楚，我在飛機上。提案書我改了很多地方，你們要快點開始弄，提案書得送印了，明早九點要開會。」

「好，你請說，我們手上有一份草稿，你一個一個告訴我們吧。」

「好，大多要改的地方在第二部分。我要改一下這裡的架構，第四十六頁要改成新的四十三頁……，舊的四十三頁變成新的四十一頁……，你們要把舊的四十一頁標題改成『有力的營業槓桿會帶來卓越的投資報酬』，然後用粗體標示，加雙底線，再把那頁改成第四十四頁。第五十頁加粗體框線，右邊利潤那一欄要加網底。喔，然後再回到第三十八頁，內部報酬率加雙底線，把圖表改成藍色和綠色，不要用藍色和紅色[7]，第四十頁的的表格改成比較中性的顏色，像黃色之類，你們應該知道圖表不要用紅色，紅色代表虧損，進入狀況一點好不好。然後……。」泡泡像連珠炮般講了兩分鐘要改的地方。

我拚命記下哪裡要改，滑頭忙亂地整理頁次，泡泡發號完施令，電話那頭安靜了一陣子。

「都記好了嗎？」他問。

「比爾，可以請你再重覆一次，確定我們都記對了嗎？我們不想搞砸。」

---

7. 編註：美國股票紅色表示跌，綠色表示漲，跟台灣剛好相反。

「可惡，我忙得要死。我再講一遍，你們最好仔細聽，我還有別的事要做。」

泡泡又講一次，我對一下筆記，都沒問題。稍微沒那麼焦慮了，我按掉免持聽筒，轉向滑頭。

「應該沒問題了，他唸的都和我記的一樣。」

滑頭面無表情看著我：「你他媽的在說什麼？我重新排了一下頁次，他說的完全不合理，改過之後變得一團糟。他要我們把文字標題加在章節標題頁，叫我們把有關鍵財務數據的那幾頁全部拿掉。根本沒道理。」

泡泡有點不耐煩：「喂，喂，你們還在嗎？」

我打開免持聽筒，「等一下，比爾，我們要理一下頭緒。」

我轉回去問滑頭：「你是什麼意思，都對不上？他剛才唸了頁次，怎麼可能對不上？」

「媽的我怎麼知道。」

「喂，你們還在嗎？我沒時間跟你們攪和。」泡泡提高音量，助理海瑟和幾個實習協理透過電話擴音聽到騷動，探頭到辦公室裡，我再度關掉擴音。

「比爾，不好意思，我們好像沒有記對頁次，你可以再唸一次嗎？」

「我的老天爺，我沒時間跟你們攪和。我拿的版本可能比較舊，不要管他媽的頁次，只要注意聽哪裡要修改，然後去改就是了。用一下腦袋好嗎，你們兩個白痴。」比爾的音量愈來愈大，他有些不耐煩。他用兩倍快的速度、兩倍大的音量重新唸了一次，我把電話關成靜音，轉頭看滑頭，他回看我，泡泡還在旁邊繼續唸。

滑頭說：「還是對不上。泡泡是用舊版本，他真的很討厭。」我不加思索打開擴音，最後一次打斷泡泡：「比爾，你要再講一次，不要講頁次，這樣會很混淆。」電話那頭一陣安靜，然後火山爆發。

「什麼？什麼？我他媽的才不管該死的頁次，你他媽的去看那一頁的標題……。」

從電話擴音器中傳出的咒罵，音量大得驚人。

「你們是什麼？他媽的白痴嗎？你們覺得我有時間浪費在這種他媽的鳥事上嗎？」

我關掉擴音，看著滑頭。泡泡還在那裡罵，我和滑頭開始大笑。泡泡在三萬五千英尺的高空大發雷霆，他吼叫的音量應該大到不只讓其他頭等艙乘客明白他的心事，所有坐在經濟艙，包括鎖在機尾廁所裡的人都聽到了。而我們在紐約的地面，什麼也不能做，只能讓他去慢慢地發洩。

最後，泡泡認為他已經羞辱夠我們了，便讓我們和同機旅客的耳根子清靜一下。他掛掉電話，滑頭和我開始處理泡泡亂七八糟的修改指令，十七小時後，我把提案書送到湯普森公司辦公室。動力二號首次公開問市。

一個夏天待在這裡，我看到投資銀行界的異常人士應該足以讓我做出合理判斷，決定轉換跑道從事其它職業，不然的話，至少拜訪湯普森公司也應該讓我窺見某些真相才是。可惜，事實並非如此。

招呼我們的湯普森公司合夥人就像從查爾斯．狄更斯（Charles Dickens）小說裡走出來的人物。他把大屁股塞到一條緊身的皺面條紋長褲裡，上面搭一件彷彿剛剛才從湯普森公司辦公室後面垃圾筒翻出來的鮮紅色毛背心。不過，湯普森合夥人最重要的特徵，是一對寬度約占半個臉頰，從耳朵一直延伸到嘴角的鬢毛。他嘴裡塞了一根沒有點燃的雪茄，還把雪茄咬成軟軟的爛泥，以致於他的牙齒、嘴唇、鬢毛都是煙草碎屑。這人是個神經病，像是裝扮拙劣的《坎特伯里故事集》[8]裡的小旅店老闆，而

8. 譯註：《坎特伯里故事集》（Canterbury Tales），作者為十四世紀的英國作家喬叟（Geoffrey Chaucer）。

且我們還得拍他馬屁。他的名字是切斯特．古德曼三世。

泡泡以他慣有的風格主持會議，先是不停感激對方願意撥冗和我們開會，接著很沒必要地講出一堆人名，此時切斯特打斷他。

「比利，今天要給我看什麼？」

「噢，我們今天這些很不錯。如果你把提案書翻到第四頁的目錄，就可以看到我們準備的東西。」

切斯特翻到第四頁，約略看了一下，然後看泡泡。

「比利，我要跟你講多少次，我不想看到烘焙業，你知道我討厭麵包店。這裡有四家烘焙廠，你在浪費我的時間。」

「可是這些烘焙廠真的很不錯，我覺得你可能會想考慮。」

「不要麵包店。」

噗，就這樣，提案書二十間公司裡的四間化成雲煙。泡泡這個王八蛋早就知道鬢毛人不喜歡烘焙業。切斯特才剛開始呢。

「然後，比利，你貝爾斯登的朋友已經給我們看過科邁克公司、賽可樂玩具和泉水醫療了，而且艾克斯楚迪合成材料和禿鷹罐頭也不用考慮，這兩家貴得要死，我們不會花這麼多錢買用這種乘數交易（市面價值高出實際價值數倍）的公司。」

開會不到兩分鐘，切斯特．古德曼三世光看目錄，就刪掉二十間公司中的九間。我們花好多時間做出來的美麗圖表、曲線圖和抄來的文章，永遠無法見天日。

「這個可能還蠻有意思的——終曲企業，涉足殯葬服務業。根據人口統計，這一行會很熱門，這幾年應該有很多人死掉。這行業還不賴，可以在死人的屍體被丟到土裡之前敲他們一筆。」

他替泡泡起了頭，我們的點子讓切斯特感興趣了。泡泡抓住機會，開始連哄帶騙加哀求，希望切斯特保持興趣，然而，切斯特像是被路過蟑螂吸引的肥貓，打了蟑螂幾下，看到蟑螂困惑地蹣跚爬行，一時覺得挺有趣，但不一會兒又回去睡他的覺。那天泡泡和帝傑都沒有成交，年輕的實習協理也沒有交易可做。動力二號第一次出場就歷經大挫敗，也預示未來的失敗。

那天坐在切斯特的辦公室，我也許應該換一個角度看事情，而不是把切斯特看成異常人。我應該明白，泡泡和我才是人渣。看著泡泡無所不用其極，為了和切斯特做生意，只差沒吞下他的小雞雞，我實在應該覺得羞愧，我應該馬上脫掉皮鞋和羊毛西裝，從辦公室裸奔出去，尋找救贖。我起碼要明白，世上所有切斯特都是掌握金錢資源的人，也是擁有控制權的一群。我應該想到在辦公室待到凌晨三點的夜晚，好好想一想這件事值不值得付出這麼多。

可是，這些我都沒做。為此疏失，我將付出代價。

洛夫和我就是這樣渡過那個夏天。提案、交易、晚餐、夜生活，那是漫長的銀行馬拉松賽，我們學到很多、睡很少覺、不停低頭認錯，終於捱到最後。那個夏天很痛苦，但也已結束，我們熬了過去，我們準備把夏天的經驗當成跳板，去爭取更好的機會。洛夫和我發誓永遠不會回帝傑，我們向自己保證，我們會藉著帝傑的工作機會，找到其他更有成就感的工作。不過，我們又在自欺欺人了。

我們有所不知，帝傑當時正打算擴張，而我們就是填充物。帝傑需要人、很多人，而且愈快愈好，因此，幾乎每一個暑期實習協理都受邀進入帝傑。事實上，唯一可能得不到全職工作的人是洛夫，並非他不夠努力，問題是他犯的錯更嚴重。暑假期間，我們有一次一起去打高爾夫，到了第五洞，洛夫把球打到負責招募的執行董事——道格·富蘭肯的腿上，而且是在富蘭肯的鄉村俱樂部，還是用富蘭肯借他的泰特利斯特（Titleist）高爾夫球。如果在其他時候，洛夫的這一過錯很可能導致他成為拒絕往來戶。

但是，洛夫很幸運，帝傑今年需要協理。

四、求偶期

「我們應該沒碰過面吧。而我是妳的理想對象。」

——四個測試過的開場白。

一九六九年花花公子廣告

夏天結束，楚普和我都覺得糟透了。我們運動量不足、長時間工作，疲憊不堪。我們本以為暑假會有一堆社交活動和約會、在漢普頓渡週末，結果卻是拚命工作。不過，我們的待遇很好，十個禮拜下來約有一萬二千美元，而且前兩個禮拜幾乎什麼也沒做。他們告訴我們，如果回去擔任全職協理，也會有豐厚的報酬，我們會事先拿到一萬八，加上五千美元支付學期終了搬遷費用的簽約紅利。

我們回商學院唸二年級，我到華頓、楚普去哈佛。招募全職員工的人不到兩個月就出現，帝傑的捕鳥人先去獵楚普，我在華頓都聽得到他關關的叫聲。

我在夏天交到一些好朋友，例如洛夫。但是我決定要秉持高尚的情操，我告訴自己，我不會受投資銀行神祕的魅力誘惑，只會選擇自己真心喜愛的工作。事實上，我高尚的情操就像酒醉牛仔射飛標的手一樣不穩固，意志脆弱的我打電話給洛夫，問他會怎麼做，他告訴我他會堅持下去，所以我也說我會堅持。到了十月，幾個帝傑資深銀行家北上波士頓，邀我出去吃飯。

來找我的是艾德．史達和萊斯．紐頓，我和他們在暑假期間都共事過。他們來波士頓敲訂這筆交易、把案子結掉，鎖定我。我在他們眼裡是一筆必須了結的交易。我是小牛，他們是圍捕我的牧人，他們要用燒燙的鐵在我的身上烙下印記。現在回想起來，我實在別無選擇。

史達負責管理商業銀行（Merchant Bank），那裡是華爾街最令人興奮的工作環境，即使資淺銀行家也可以參與交易。光是和史達在一起我就覺得很興奮，他聞起來有錢的味道，他們不需把我關進畜欄，牽到屠宰場，我很樂意自己走入帝傑屠宰場，我像急於賣身的女人一樣早已準備好和他們簽約。

我想和史達一樣。他老婆的模樣看起來不是舞者就是模特兒，聽說他在漢普頓買了一棟價值五百萬美元的房子，在紐約市也有一間市價五百萬美元的公寓。他說他常打高爾夫，在球場上成交，這讓他致富。他看起來很開心，似乎擁有美好的生活，至少在我看來是如此。我沒想到的是，我進投資銀行的層級比他低太多了，我們生活的相似度就和世界級名模辛蒂．克勞馥（Cindy Crawford）與康尼島鬍子小姐[1]的相似度差不多。我必須接受挑戰、接受磨練，從協理到執行董事還有好長一段路得走。他也許可以成為我的榜樣，但以為可

1. 譯註：康尼島（Coney Island）位於紐約市布魯克林區，島上有許多遊樂園。鬍子小姐是留大鬍子的女人，從前常在馬戲團或遊樂園的「怪物秀」出現。

以一蹴可就，那就是欺騙自己。

萊斯．紐頓是金童。年輕有為、升遷快速，他擁有一切——參與投資、手頭寬裕和擁有看似完美的工作，他看起來精神飽滿、輕鬆自在。萊斯發現投資銀行家最大的祕訣之一——如何熬夜工作之後，隔天依然容光煥發。他是橡膠做的，也是所有企管碩士夢寐以求的目標。他拍的馬屁可能比馬桶蓋一年看到的臀部還多。

我也想變成萊斯，他是好人。萊斯手腕高明、深懂遊戲規則，也因此得到回報。

他們帶我到脫衣舞酒吧，花了一大堆錢。然後我們到牛排館，吃了很棒的牛排、喝名貴紅酒。夜晚已近尾聲，我們用波特酒、乳酪蛋糕和雪茄點綴我們的談話，他們極力吹捧，我心花怒放、照單全收。這就是我想像中投資銀行家的生活，牛排、葡萄酒、香菸、裸女和有錢人，就像湯姆．漢克斯的電影《光棍俱樂部》（Bachelor Party），只不過身邊的同伴都很有錢。

「彼得，我們希望你加入帝傑，你是我們的首選，我們真的很想要你、我們很需要你。如果你現在答應我們，我一定確保你不到幾個禮拜就拿到簽約獎金。我覺得你這種人在帝傑會出類拔萃，你會升得很快。你如果來帝傑，就要進我們的部門，你太適合了。」

哈佛規定招募公司不能給學生「爆炸式」的錄取通知，也就是告訴學生如果特定期限內不作決定，邀約就自動撤銷。商學院禁止這種爆炸式邀約，用意是希望所有學生都可以徹底評估所有可能的工作機會，機靈的學生因此能夠四處比較工作機會。最聰明的研究生在招募季節一開始就會去應徵每一家銀行，然後把銀行的錄取通知收集成冊，當成備胎，去爭取更困難的融資購併公司或避險基金的工作。

不過，投資銀行招募機器也非省油的燈，他們很了解這種策略，所以投資銀行根本不會先給正式的錄取通知，而是確定對方願意接受後才給。這是交配舞的高潮，也是眾所周知的欲擒故縱手法。銀行一方面想給爆炸式的錄取通知，這樣商學院學生才不會利用工作邀約去找更好的工作，另一方面，學校禁止爆炸式的工作邀約。商學院當然不是投資銀行招募機器的對手。

萊斯說：「我們不是在正式通知要錄取你，但是如果我們要錄用你，記得喔，我們是說如果，那你會在三個禮拜內接受嗎？如果你十月底前沒辦法確定，那我們就不能錄用你。」

「所以，」史達插進來：「我們很希望你加入。你願意加入嗎？我們不是在通知你要聘用你喔，但是如果我們要錄用你的話，你十月底前要把決定告訴我們，因為如果我們不認為你有要接受這份工作的意思，那我們就得去找別人，去通知別人。所以，如果你可以明確的表示，讓我們知道如果我們要錄用你的話你會接受，那我們也許會給你錄取通知。」

我到現在都還不確定什麼是「明確的表示」。我是不是應該跳到桌子上大叫：「是的，我要進帝傑！」還是跑到外面，在雪地尿出「ＤＬＪ」三個字，這樣應該夠明白。這個遊戲實在很可笑，不過我玩得很投入。

史達繼續說：「你很合適。你是我們要找的人，就是你了，你會辦工商銀行業務的案子，作融資、賺大錢。我們會保護你。」

「我們會保護你」這句話，就像慾火中燒的十九歲高中生，坐在老爸汽車後座，對十八歲的女友說：「妳要相信我。」一樣。有人要被蹂躪了。

此時的我已經很亢奮。他們不停灌我迷湯，我整個人輕飄飄，頭一定大得像南瓜。我當場就接受了。我答應洛夫接受前要先和他談談，可是我等不及了，我出賣了靈魂。

好吧。也許我什麼也沒接受，因為他們並沒有正式說要錄用我。我回到公寓，打算打電話給洛夫告訴他我做的好事，不過洛夫已經在我答錄機裡留言。

「喂，楚普，帝傑的人找我出去，我覺得投資銀行還不錯，所以就接受了。」

我跟洛夫談了一下，向彼此保證我們的決定是對的。我們的對話充斥一堆理由，像是「這是很棒的跳板」、「工作時間不會那麼長，因為我們比較資深」，我們的最愛是「我們只替好人工作，他們會保護我們。」

不到一個禮拜，我收到所有該有的支票，還收到一瓶香檳王（Dom Perignon），附上一張紙條，上面寫著：「歡迎進入帝傑家族。」這才叫品味。

幾個禮拜後，他們讓我飛到紐約和其他銀行家見面，沉醉在成為帝傑團隊的喜悅裡。他們寄來機票、派車到機場接我，我住進四季飯店，可以隨心所欲地點客房服務。帝傑牌吸塵器像吸地毯灰塵一樣把我吸進去。我喜歡免費機票、轎車接送、高級飯店、成為有錢人的感覺，也喜歡這種生活。我是菜鳥銀行家，不可一世。老天爺救救我吧！

不過，十一月一直到六月，我都沒有再聽到艾德・史達、萊斯・紐頓，或所謂同袍戰友的消息。這時我打電話給洛夫，發現他也有相同的經驗，這是第一個暗示，顯示我們只是大機器裡的小齒輪，史達和紐頓到波士頓辦妥公司交辦的業務，說服我接受他們從沒正式給的工作。他們把案子結掉，繼續往前行。其他銀行家結掉洛夫的案子。我們是兩個興奮又熱情的冤大頭。

正式接受帝傑非正式的聘書之後，第一次接到他們的消息是在六月。一位行政助理打電話來，告訴我們開始工作前必須通過毒品檢測，這一來完全破壞了我們夏天的玩樂計畫，但我們什麼都肯做，只為了能加入帝傑的菁英俱樂部。

新的職業生涯即將展開，我們也對自己的決定愈來愈滿意。我們在七月聊了一下，談到首度公開發行和工商銀行業務的案子、賺大錢，以及我們有多少時間可以花錢。我們討論要如何橫掃紐約社交圈，如何參加宴會、過好日子、在華爾街最紅的發火的公司擔任炙手可熱的投資銀行家。我們相互奉承，那種感覺真好。我們覺得自己就要進入超凡脫俗的境界，宛如老鷹在高空傲視凡人。

其實，我們不是老鷹，而是跟著一串麵包屑前進的鴿子。

五、輔助輪

別教豬唱歌；不但浪費你時間，還會惹豬生氣。

——保羅・狄克森（Paul Dickson）

洛夫和我都在五月從商學院畢業。帝傑的員工訓練一直到八月中才開始，所以我們都有超過兩個月純粹的、真正的自由，到了訓練開始，大家都徹底放鬆，我們眼睛發亮、天真爛漫，相信訓練是朝著彩虹彼端那桶黃金邁開的第一步。

投資銀行的訓練簡單來說，就是浪費時間、浪費金錢，但也是必要的步驟，投資銀行機器要告訴你協理扮演什麼角色，還要引誘你落入高檔生活的陷阱，一旦開始靠高級禮車和交際費過日子，就很難再回頭。

訓練第一天我們什麼也沒做。我們和其他協理寒暄，發現他們同樣是在酒足飯飽後，聽到自己是投資銀行多年來難得一見的最佳人選。我們發現每一個人都聽說自己將是下一個「金童」、會進入商業銀行賺大錢，對方都要他們不用擔心，他們會受到「保護」。我們開始有受騙的感覺。

不過，人類的大腦很奇妙，總有辦法把一切事物合理化，同時過濾掉不愉快的事實。我們都坐在那裡告訴自己：「他們騙其他協理接受這份工作，對我說的可都是實話。」這種不正常的合理化思考方式居然讓大家都覺得好過很多。

家父很早就告誡過我，不可以自欺欺人。我們沒有聽進這個睿智的建議，大家被自己的垃圾想法埋得好深，幾乎要窒息。每一個協理都相信自己與眾不同，我們很快就會發現真相，但在那之前，我們都覺得自己棒透了，我們選擇的職業也好棒。

訓練第一天的尾聲，投資銀行機器發給大家公司的禮車帳戶卡、呼叫器和手機，這讓我們覺得自己成了真正的投資銀行家，好像超級巨星，我們想像自己搭公司車到機場，一邊用手機談一筆大案子，然後，我們想像自己和客戶上餐廳吃飯，用餐後把白金信用卡丟在桌上支付上千美元的帳單，包括四磅重的龍蝦、上等腰肉牛排和兩瓶拉費堡（Chateau Lafite Rothschild，第一個a上面要加倒ˋ符號）紅酒，全部都能向公司報帳。

我們什麼都能應付，因為我們是超級銀行家，可以在幾分鐘內主導大宗併購案，替銀行帶來大筆進帳。我們能在漢普頓買房子開派對、擁有梅特斯通（Maidstone）、全國（National）、辛內卡克（Shinnecock）高爾夫球場的會員證。我們可以呼風喚雨。

訓練大約持續了三個禮拜。我們每天早上八點到下午六點都聚集在會議室，包括週末在內。各部門主管分別過來向我們解釋銀行提供的各式產品或服務。

基本上，訓練讓我們知道自己該扮演什麼角色，以及如何盡快完成工作。我們學到其它公司會花錢買我們的建議，並依照建議行事，這很棒。我們了解到「忙碌的協理就是好協理」，我們不是被訓練為思考的工具。從訓練中，我們了解接下來的四年生命裡，我們要做些什麼：處理一堆垃圾，賺取手續費，把它包裝得漂漂亮亮，好讓全世界的富達、百能和不知情的投資人不會問太多難以回答的問題，就將之買下。

訓練期間有幾天晚上安排社交活動，有些則保留給隔天要完成的工作。無論如何，每一個晚上都有計畫，我們必須知道我們要做什麼、替什麼人做，以及如何把事情做好。

訓練第一個禮拜快結束時，一個第二年協理來向我們解釋公司付錢給我們是要我們扮演什麼角色。他對整個投資銀行盛宴不如我們想像中興奮。他說：「身為協理，你們要做的就是幫執行董事拿到生意。執行董事坐在辦公室裡，替公司和自己構思賺錢的方法，事情就這樣開始運作，我們負責替執行董事寫提案書，好讓他們有東西可以給潛在客戶看。執行董事希望客戶知道我們很努力，花很多時間替會議作準備，我們要讓對方知道我們很認真，會把全部心力放在他們公司上。

「你們要做一些評估分析，以證明帝傑能替提案的公司賺到最多錢，你們會花很多時間做提案書，還要和文書處理部和影印中心合作。

「熬夜做好提案書之後，你要替自己和團隊安排出差，去提案的時候你們要負責拿提案書，如果有分析師的話，那就是他拿，這是當協理的好處。

「如果你們去提案，而且還能保持清醒的話，你就可以看到執行董事怎麼巴結對方。如果你們拿到生意，就會有很多事要做，你可以把接下來六個禮拜的計畫全部取消，因為你得熬很多夜、忙上一陣子。

「基本上，這個工作很辛苦，但是你們也知道，它的待遇很好，你也會學到很多關於投資銀行的東西，這才是重點。

「更重要的是，今晚你們要用帝傑的錢好好享受，不要在這裡浪費時間了，現在已經五點，如果我是你們，我現在就開始狂歡了。雖然我很想加入你們，但是我還有很多事要做。好好玩吧，因為訓練結束後，你們就要過不見天日的生活了。」

洛夫皺眉轉向我：「他聽起來有點酸，也許他昨天晚上熬夜到很晚，也許他沒替對的人做事。他可能很喜歡他的工作，也很快樂，對不對？」洛夫希望我能向他保證我們的決定沒有錯，可是我沒辦法給他。

我們沒有進一步探討這個問題，而是將之拋開，跳進在辦公室前等我們、公司付錢的黑頭禮車，朝著一整晚的盛宴出發——這些全部由帝傑買單。

投資銀行機器開始把我們吸進它要讓我們過的奢華生活。

訓練期間安排的活動包括棒球賽、在棕櫚（Palm）和璀璨（Sparks）餐廳吃晚餐，最後是脫衣舞酒吧。大部分都由我們親愛的公司支付，我們揮金如土。白天則在小睡和免費午餐中渡過，公司讓我們持續處於迷醉狀態，以免我們發現自己正走入什麼樣的地獄，因為一旦發現了，我們很可能馬上離開。但是我們好開心，一堆二十六歲、自以為是的商學院畢業生穿上最好的西裝、打上最好的領帶，被「將成為華爾街下一個大人物」的說法催眠。洛夫和我在這裡重拾友誼，我們坐在蒼鷺俱樂部（Crane Club）喝加冰塊的威士忌，討論如何在短短五年內成為執行董事，我們覺得自己好偉大。離開蒼鷺俱樂部之後，我們到將來會成為我們最愛的「鬼把戲」（Shenanigans），一間離帝傑很近的二流脫衣舞俱樂部。

隨著時間流逝，酒一杯接著一杯，我們已經弄不清楚我們（也就是公司）究竟欠酒吧多少錢，不過，隨著帳單愈疊愈高，神奇的事發生了，酒精把我們腦袋清洗乾淨，釐清我們的思緒。

「洛夫啊，」我在鬼把戲震耳的舞曲聲中大叫，「你說得沒錯，那個第二年協理還蠻酸的，你覺不覺得他很討厭他的工作？」

「可能吧，也許他的生活糟透了，也許他們一開始也告訴他，他會替好人做事，等他進帝傑之後，情況就不一樣了。」

「可惡，這不太妙。他看起來真的很累，而且還很生氣，看起來好像四十歲，對不對？」

「沒錯，楚普，你說得沒錯，真糟糕，你覺得這會不會發生在我們身上？」

彷彿從一年前以實習協理的身分走進帝傑以來，我們第一次真正清醒，酒精在黑暗中幫我們點燃了一道亮光。我們發現公司不會把我們當寶貝呵護，我們即將接受殘酷的考驗，大部分資深銀行家都接受過這些痛苦的考驗，如果他們得經歷這些，那我們也不例外，這就是規矩。也許因為我們喝醉酒神志不清，不過真的開始有上當的感覺。我們忽然發現，這將是漫長而痛苦的經驗。

此時，我們最喜愛的舞者「天使」在大舞台上跳完，朝著我們走來，繼續到桌前為我們跳舞。

「什麼？我聽不見你說什麼，音樂太大聲了，我要再喝一杯，你要再來一杯威士忌加水嗎？」

「好啊，點雙份的。」

後來發生什麼事我們都不記得了。隔天，洛夫和我也順其自然地忘掉昨晚的領悟，開心地迎向訓練課程，到隊伍最後面排隊。

六、食物鏈

猴子爬得愈高，愈能看到牠的屁股。

——史迪威將軍（General Joseph Stilwell）

等級森嚴的投資銀行宛如金字塔，每一階層都站在下面一層的肩膀上。愈往下走，銀行家的人種也愈原始。還記得埃及的金字塔是什麼人蓋的嗎？沒錯，是一群被太陽曬傷、纏著腰布的奴隸。

資深執行董事站在投資銀行金字塔的頂端，他們位居第一線，負責開發客源，到處尋找替投資銀行帶來進帳的管道。他們和公司接觸，爭取替公司承銷首次公開發行股票或發行債券的機會。他們鼓勵公司購買其他公司，不然就是建議他們把自己公司賣掉。執行董事最重要的任務是吸引客戶，替銀行賺取手續費，所以他們的待遇很優渥。想像你面前出現一位彬彬有禮、身穿價值二千五百美元西裝的英俊紳士，他乾淨清爽、儀容整潔，皮鞋比大部分人客廳的傢俱還值錢，這就是執行董事。

金字塔的下一層是資深副總裁，有些銀行稱之為執行副董，頭銜不一樣，角色都一樣。他們會想辦法拉一些生意，好證明他們拿那麼多錢是應該的，不過他們大部分時間都只在處理交易。執行董事拿到生意後交給資深副總裁，資深副總裁便和專案小組日以繼夜的工作，確保交易迅速完成，有時候甚至也確保交易有正確執行、細節都有照顧到。他們離成功好近，幾乎可以嚐到味道。想像一位中古汽車推銷員，穿著聚脂纖維材質的輕便套裝，鬍子可能有幾天沒刮，身體開始散發異味，那就是資深副總裁。

接下來是副總裁，他們是一群處理交易的機器人，生活裡全是工作，幾乎沒有私人生活，副總裁的年薪大約五十萬美元，可是他們沒時間花錢，只要一有辦法離開辦公室，他們就要去補眠，這導致他們變成一群悲慘而憤怒的年輕人，不了解自己為什麼老覺得這麼挫折。他們很想交男女朋友，過正常人的生活，就像他們投資銀行界之外的朋友一樣，可是他們實在沒有時間。一般來說，他們約會的對象只有見錢眼開、想分他們厚厚薪水袋一杯羹的人，那些好男好女、副總裁希望能交往的對象，都忙著和口袋空空時間多多的失業藝術家和音樂家上床。

副總裁的薪水實在很高，所以他們沒辦法換工作，因為除了其他投資銀行之外，不會有其他公司願意以五十萬美元年薪雇用他們處理交易。副總裁不用擔負任何財務風險，如果他們願意厚顏地巴結眼前每一個長官、整晚跑來跑去製造大量文件，他們就能繼續收到優厚的薪水。問題是副總裁雖然賺很多錢，卻依然不滿足。他們很慘，因為他們被困在那裡，像關在籠裡的野獸。想像一個戰俘，被關在發霉的地下室裡長達五年，沒有燈光、沒有食物，只能啃皮鞋，洗澡更別想，不時還會遭電擊。那就是副總裁。

接下來是協理，很多很多的協理。協理的生活糟透了，副總裁日復一日地把自己的挫折發洩在協理身上，直到協理升任副總裁、離職或自殺為止。協理得巴結副總裁，因為副總裁有權決定協理能拿多少考績獎金。投資銀行基本上是這樣運作的——執行董事說：「跳。」資深副總裁問：「跳多高？」之後便寄語音訊息給副總裁，製造出緊迫的氣氛、引發恐慌，接著副總裁就會去凌虐協理。協理不算人，不過有時會被帶去和客戶開會，還得裝得人模人樣。協理是克羅馬儂人[1]，住在洞穴裡，直立走路有困難，背上的毛很多，通常以豬叫聲溝通。這就是協理。

最後是分析師。分析師是猴子，在金字塔的底層，有好多好多的小猴子，他們不是人，是在彼此身上爬來爬去，替對方抓蝨子的猴子。這就是分析師。

投資銀行裡既然有這些各個層級的投資銀行家，這個行業應該規模不小。事實也的確如此。高盛、摩根史坦利和美林旗下各自都有好幾千名員工，另外還有雷曼兄弟、貝爾斯坦和波士頓第一……，族繁不及備載。不過，投資銀行家其實只占了投資銀行界的一小部分，他們只是更大機器裡的小小齒輪。

每一間投資銀行都有資本市場部、法人機構業務部、交易部門、研究部門和零

---

1. 譯註：克羅馬儂人（Cro-Magnon）為舊石器時代在歐洲的高加索人種。

售證券部，這些部門各有不同功能，也會一起合作。銀行家先去公司拜訪，尋找需要籌募資金的公司，找到之後，銀行家便通知資本市場部，要他們開始運作。銀行家告訴資本市場部的人：「我們得籌錢，需要什麼條件？」資本市場部的人告訴銀行家：「我們可以幫你籌到錢，這是我們買家需要的條件……。」接下來，資本市場部的人便會打電話給法人機構業務部，要他們去找一些顧客。法人機構業務部的人就開始聯絡所有手上有資金、需要投資出去的法人機構：共同基金、避險基金、退休基金和大學基金。這些客戶把錢交給投資銀行，買下新發行的證券，投資銀行抽一部分佣金之後，把剩下的錢交給發行證券的公司。過幾個禮拜後，研究部門會寫一份報告褒揚發行新股票或債券的公司，最後，零售證券部也加入行動，通知散戶投資人他們最新最棒的投資點子——那些新發行的股票或債券。這門生意的利潤很高。

華爾街還有許許多多各式各樣的金融機構：票據交換所、避險基金、共同基金、商業貸款公司和期貨交易中心。投資銀行只是華爾街宇宙的一小部分，協理比非洲大公象的屁股的疣上面的一粒灰塵還要渺小，而且是在屁股裡面，不是外面。

七、投資銀行的業務

大腦這器官很神奇，從你早上起床的那一刻起就開始運作，而且直到你走進辦公室前，都不會停止運轉。

——美國詩人　佛洛斯特（Robert Frost）

所以，銀行家如何心安理得的支領高薪？說穿了，銀行家只為公司提供兩種服務：給予公司關於財務的建議，以及替公司籌募資金。銀行家站在資金流動的漩渦中央，抽取旋轉的資金的一部分作為自己的酬庸。因為提供這些服務，資深的投資銀行家平均一年可以賺進七十五萬美元。難道銀行家的價值比其他行業的高級主管多五倍？銀行家對經濟的貢獻難道比一般人多五倍？如果想到投資銀行家不成比例的蠻橫和傲慢的態度，這世界假使少一點銀行家，多一點在街角賣蛋捲冰淇淋的小販，也許會更美好。他媽的，如果除掉一些投資銀行家、恐怖份子和國稅局的人，這個世界會變成香格里拉。

當然，投資銀行家不會同意：

「我們讓資本市場更有效率！」

「我們把買方和賣方湊在一起！」

「我們把商業價值發揮到極致！」

是真的嗎？銀行家除了吸取資本經濟體系過剩的肥油之外，真有任何貢獻嗎？是的。資本市場並非完美，需要錢的人和有錢的人不一定知道對方在哪裡，買方不一定認識賣方，而且有時也必須靠獨立的第三者確認商業價值。然而，很多銀行家不了解他們提供的服務的價值其實已經逐漸式微，隨著資訊的來源愈來愈多，人們愈來愈容易取得資訊，銀行家也愈來愈難從那些資訊中抽取大量佣金。也許發生的速度很慢，但是銀行家的價值必然會漸漸減少。就像西方壞女巫遇到佛羅里達州的陣雨就一定會融化一樣[1]。

諮詢業務

投資銀行家會給予公司財務上的建議。從前的投資銀行家是公司執行長的密友，執行長和銀行家的關係會延續整個職業生涯。銀行家針對可能的併購對象提供分析和建議、調整資本結構，有時甚至給予公司策略上的建議。銀行家也會負責引介，他們的人脈豐富，如果執行長想和競爭對手的執行長商議併購，或是他想賣掉公司的某個部門，他就一定會去找銀行家。銀行家多半認識另一間公司的某個人，即便沒有直接認識，也會展轉認識人，可以替兩間公司的執行長牽線，讓他們展開商談。他們也許能討論出交易的大致框架，接下來

1. 譯註：西方壞女巫（Wicked Witch of the West）是《綠野仙蹤》（*The Wizard of Oz*）故事裡的反派角色，碰到水會融化。

銀行家就會告訴他的客戶這筆交易從財務角度來分析是否划算。整體而言，這是很有趣的工作，銀行家不用花太多時間開發新客源，而且每天晚上入睡前都知道自己替客戶增加了價值。他們的工作來源很穩定，無論景氣好壞，都有和企業財務相關的工作可做。經濟景氣，公司累積很多資金，就有很多併購業務，荷包緊縮時，也有組織架構重整或策略諮詢的業務可以彌補。

今天的銀行家仍然會提供諮詢服務。他們向企業建議可能的併購對象、資本結構重整[2]、買回公司股票，或是其它重整公司資產架構的方式。他們仍向公司股東提交報告，告訴他們從財務專家的觀點來看，別人出價購買公司的條件是否合理。現在還是有少數小型、專門的投資銀行會提供策略上的建議。

然而，整體而言，諮詢業務已經變得愈來愈商業化了。銀行家不再和公司維持長遠的關係，銀行家的資訊不再是獨家的。現在公司的資訊唾手可得，很少銀行家擁有獨家的資訊。銀行家不再擁有獨特的附加價值，公司執行長不會一輩子依賴同一個銀行家、付錢請同一個銀行家提供和財務相關的建議。

銀行家諮詢業務本質的改變可以從今天最常見的諮詢工作看出，這以前可

2. 譯註：資本結構重整（recapitalizations），經由借錢購買自己的持股來改變公司的資本結構。

是銀行家的獨門絕活。打算把自己賣掉的公司會聯絡所有投資銀行，通常包括所有知名的大型銀行，有時也有幾間小銀行。公司會要求每一家銀行呈送收費的企劃案，有些銀行也許提議抽取賣出所得的百分之一點五，有些則是一點二五，有些可能會提出比較創新的收費方式，包括浮動費率、按績效計酬等等。不過，公司到頭來還是會雇用收費最低廉的銀行，因為現在不同銀行間已經沒有任何有意義的資訊差異。就好像大賣場的特賣會一樣。

一旦達成協議後，負責出售公司的銀行會替公司製作一本介紹手冊，寄給所有可能的買家，手冊裡會用花俏的字體和一大堆彩色表格介紹該公司的業務，投資銀行能增加的價值就是這個了——把手冊弄得漂漂亮亮。所有潛在買家都可以出價，誰出價最高就可以把獎品抱回家。好像拍賣二手道奇車或是房子，也很像在自家前院拍賣的舊尿布桶。

隨著資訊取得的優勢漸漸消失，銀行家也不得不改弦易轍，他們不再能長年依靠少數忠實客戶的諮詢業務，他們得花更多時間尋找新客戶、開發新業務。為了證明他們的存在有意義，他們得在外面拋頭露面，向任何願意聽他們推銷的人提案，只期盼一小部分客戶願意和他們簽約。一旦客戶簽了約，銀行家也必須假設下一次這家簽約的公司若有其它諮詢業務，拿到生意的也不一定是他。簡單來說，投資銀行的業務和其他行業愈來愈像——競爭很激烈。

籌募資金

銀行家第二個重要的功能是籌募資金。大部分成長中的企業對資金都有無法滿足的慾望，其中很少有能力透過公司的營運創造足夠的現金，意思是他們必須透過別的管道籌錢，他們必須借助資本市場。基本上，打算籌資的公司只有兩種選擇：不是借錢，就是出售公司的股權。發行債券或股票，就這兩種選項。選擇負債或是資產變現向來有很多爭議，不過最根本的差別還是成本和風險。對發行公司來說，負債是成本較低的籌錢方法，但是如果發行債券的公司搞砸了，沒辦法按時償還，那麼債權人就可以取得公司的所有權，換句話說，如果發行債券的公司弄巧成拙，就會一無所有。

美式資本主義鼓勵市場交易熱絡，這使得美國發展出全球最大也最複雜的資本市場。投資銀行家穩穩地站在這些公開資本市場的十字路口正中央，收取過路費，人們非得經過他們的幹道才能接觸到市場，而且他們的幹道要花大筆買路錢才過得去。

投資銀行家是老道的中間人，公司告訴投資銀行家：「我需要錢，很多很多錢。」銀行家回答：「沒問題，我去幫你找錢，我會把我找到的大部分錢給你，不過也會留一些給自己。」接下來，投資銀行家就會和同事一起去找手裡有錢的人商量，也就是法人機構——共同基金、退休基金、避險基金和捐贈基金。

投資銀行家聯絡那些機構，告訴他們：「我這裡有一間很棒的公司，不過他們有點缺錢。他們的新產品會是你所見過最棒的，可是他們沒有足夠的資金去開發那個新產品。這產品一定會紅，那間公司的人都很不錯，如果你們認購他們的股票，一定會賺大錢。我可以保證。」

接著投資法人會開支票給投資銀行家，買下一部份股票，有時即使他們不是真的很喜歡，還是會買一點，因為他們擔心這次不買，下一次有真正好東西銀行家就不會找他們了，沒有一個投資法人想變成唯一錯過熱門投資機會的人。銀行家收下支票，拿去兌現，抽幾成佣金，把剩下的錢交給籌資的公司。

投資銀行抽成的比例要視承銷的類型而定，高評等債券也許只抽百分之一，首次公開發行股票也許高達百分之七。原本某些交易抽成比率較高，是因為投資銀行承擔的風險較大。以前的作法是這樣的：一，公司告訴投資銀行他們需要籌錢；二，投資銀行會先開支票給公司，直接跟公司買下股票或債券；三，投資銀行再去找買家，賣掉公司的證券；四，投資銀行希望能賣掉所有證券，並在過程中不只賺回他們付給公司的錢，還能多賺一點，作為他們的佣金。投資銀行必須承擔開支票給公司到賣掉證券這段期間的風險，如果這段時間內市場變得不景氣，或是投資銀行評估不當，他們就很可能蒙受損失。資產本來就比負債難評估，所以投資銀行承銷股票時會收取較高費用。

現在已經不一樣了，投資銀行為了控制風險，會先去替公司的證券尋找買家，他們不再在找到買家前買下證券，如果投資銀行找不到夠多買家，就會告訴公司：「不行，現在市場不對，我們沒辦法做這筆交易。」成功賣出的股票或債券會直接從公司到達買家手裡，投資銀行只負責站在中間，為安排交易抽成，銀行已經消除大部分風險，卻仍然收取和過去相同的費用。

假如投資銀行的市場很有效率，那麼買賣的利差會比現在少很多。利差一直居高不下，是因為投資銀行間一直有不成文的協議，也就是在做承銷時，他們不會削價競爭，利差是神聖不可侵犯的，誰若減價誰就會遭到排斥，永遠沒有翻身的一天。投資銀行界長久以來都是寡頭壟斷的行業，只有少數的玩家規模大到可以承接大型交易。投資銀行的圈子向來很小，如果其中一間銀行破壞行情，其它銀行可以迅速聯合起來，像大卡車輾過小甲蟲一樣地把破壞規矩的銀行壓扁。所有銀行家都知道價格這個東西很危險，最好不要碰，因為一旦開始砍價，就不知何時終了。

一直到最近都沒有太多新公司跨足承銷業，因為投資銀行必需達到一定規模才可能有利潤。沒有很多新手願意投注必要的資金進去。不過，最近幾年承銷的風險降低，利差也很穩定，經濟效益吸引愈來愈多人加入這個行業，因此也出現了一些新公司。

第一批新加入的競爭對手是美國和外國的商業銀行，愈來愈多大型區域銀行開始設立承銷證券的子公司，他們從世界各地的帝傑、摩根史坦利和高盛挖角銀行家。新的投資銀行也紛紛成立，他們的經營模式以透過網路、針對散戶投資人分銷首次公開發行的股票為基礎。競爭對手激增，導致買賣利差縮小。

競爭對手愈來愈多，要聯合起來攻擊削價的對手已不像從前那樣容易，總有人敢說「我管你們去死」，承銷業務愈來愈競爭、愈來愈複雜，也愈來愈難掌控。今天，承銷的地基已經出現裂縫，隨著公開市場籌募的資金愈來愈多，投資銀行家賺的佣金也愈來愈少，減少的速度雖然緩慢，但確實在減少。

會有那麼一天，就在不遠的將來，一個老企業家在路上碰到他的銀行家，銀行家一身邋遢、髒兮兮地走過來，身上穿著折價商店的九十九點九九美元的聚酯纖維西裝。

「天啊，你怎麼了？你的領帶、西裝、皮鞋、金袖扣，都上哪兒去了？」企業家驚訝地問。

「沒了，都沒了。」銀行家低聲回答：「時代不同了。」

八、煎牛排的滋滋聲

不要光推銷牛排，要推銷煎牛排的滋滋聲。賣牛排要靠煎牛排的聲音，而不是牛。當然啦，牛本身也很重要就是了。

——惠勒（Elmer Wheeler）

隨著諮詢業務和承銷業務愈來愈競爭，銀行家也必須到外面開發新客源。洛夫和我發現，投資銀行界已經不再有理當屬於你的業務，如果要生存，就要出去提案。

投資銀行業務性質轉變最明顯的證據是「選美大會」的誕生。一群投資銀行家參加「選美大會」爭取客戶，不過這個名詞還不夠貼切，因為投資銀行家參賽時通常不需要穿泳裝，這點就不像傳統的選美大會，不過，如果客戶有要求的話，銀行家一定會穿上最緊身的小泳褲出現。在今天競爭激烈的環境下，為了拿到案子，銀行家無所不用其極。

主辦選美大會的公司通知各家投資銀行，訂出舉辦的日期，讓投資銀行選擇時段，很像和牙醫約時間補蛀牙。

投資銀行家依照約定時間和公司負責交易的人見面。銀行家都會成群結隊地出席，即使隨便一個小案子都會派出一個執行董事、一個副總裁和一個協理。資深銀行家喜歡在幾個資淺銀行家的簇擁下出現，就像帶著跟班的麥克．阿瑟將軍，他們認為聲勢浩大會讓客戶印象深刻，幫助他們拿到案子。

如果是為了爭取承銷業務，銀行家也許會帶一個資本市場部的人一起去。

資本市場部的人是銀行家和交易員的混種，也就是私生子。銀行家帶資本市場部的人參加選美會，是為了讓公司知道銀行裡的每一個人都會為交易出力。提案時，資本市場部的人要負責介紹市場現況，內容通常截取自當天早上的華爾街日報，如果他說得夠溜，聽起來就很像專家。

帶資本市場部的人出席有利也有弊。他們常常出現妥瑞氏症[1]患者的症狀，在提案時突然口出穢言，不然就是講很低級的笑話，那是他們交易員危險性格的一部分。有些客戶很欣賞他們豪放不羈的作風，有些則覺得受到侮辱，決定以後永遠不再邀請這間投資銀行參加選美大會。資深銀行家希望資本市場部的人能協助他們贏到生意，又一邊要擔心資本市場部的人講出沒禮貌的話，害他們失去客戶。

提案的目的是要讓客戶相信該銀行適合主導這筆交易，每一間銀行的提案方法都差不多，他們到選美現場，告訴公司：「我們是最棒的。我們辦過你們

1. 妥瑞氏症是一種具有神經基礎病症，有許多證據指出此症源於腦基底多巴胺（Dopamine）的高反應性。因而導致慢性且反覆不斷出現不自在的動作及聲音上的「tic」。因發現此症的法國醫生（Gilles de la lourette）來命名。

這一行所有大案子、認識所有重要買家。我們是不二人選，是唯一有資格主導這筆案子的投資銀行。」

雖然每一場提案的開頭都一樣，結果卻不相同。有些很順利，有些很不順；有些有趣，有些無聊；有些執行董事提案時很會帶動氣氛，有些卻像傑西．赫爾姆斯[2]到同志集會的場子一樣侷促不安。

有一些帝傑的執行董事從出去提案、拿到生意，到結案晚餐之前的這段時間都不見人影，我們稱他們為「幽靈」。交易過程中他們不需要出現，因為有好幾百個沒大腦的副總裁願意代勞。幽靈把推銷的藝術帶到最高境界，他們有辦法一開始就在客戶心裡植下夠多的信任，使他們完全不需要在過程中牽著客戶的手。媽的，實在太神奇了。

不過，也有另一種執行董事，提案時全身僵硬，像是跑到提華納[3]妓女戶傳道的基督徒。提案書給他們安全感，他們抱著提案書，和說故事時間的幼稚園老師一樣，一頁接一頁大聲唸給顧客聽。看這些執行董事提案實在很受罪。

2. 譯註：傑西．赫爾姆斯（Jesse Helms,1921-2008）為美國共和黨保守派參議員。
3. 譯註：提華納（Tijuana）為墨西哥城市，位於美墨邊境。

協理主要的任務是製作提案書，還有在開會時負責抱提案書和發提案書，協理常常飛了五百英里，只為了在無意義的提案裡當服務生。初入此行的協理會安慰自己，以為他們日後會扮演比較有意義的角色，但是他們的夢想永遠不會成真，一切只是空。

等到協理終於大徹大悟之後，就不會浪費時間在提案時幻想自己有一天會做大事，提案也變成痛苦的例行公事。因為協理前一天晚上通常都在熬夜製作提案書，他們提案時最重要的任務就變成努力保持清醒。每一個協理都有自己一套方法，像我是會把手插進口袋裡拔腿毛，洛夫則想過用曬衣夾夾自己的蛋蛋。

被指派製作提案書是一種懲罰，這個工作完全用不上大腦，剛開始協理會以為自己要創造贏到大案子的曠世傑作，他們以為自己的提案書可以移山倒海、可以感化異教徒，還能帶來大筆進帳。到最後，他們發現提案書像是放了三個星期的罐頭碎肉，加上臭氣沖天的軟乳酪，最後再用適量咖哩粉遮蓋隱約臭味的髒東西。

沒有一本提案書是原創的，其中的三個部份是融合自五本提案書，前面再加上新的公司簡介。所有提案書的格式都一樣，有四個主要部分：概述、資本市場現況、評估和專業。

首先是「概述」。這部分主要在褒揚提案對象的公司，還有解釋為何他們應該現在、而非以後，考慮做這筆交易。總之就是恬不知恥的吹捧那間公司。這部分運用了精典的伎倆——諂媚奉承。這樣一來，銀行家錢都還沒拿回家，客戶就會先投懷送抱。

如果提案書是為了承銷，那第二部分就是「資本市場現況」。如果銀行家有帶資本市場部的人出席，他就會在這時幫腔。這裡是向客戶介紹股票或債券市場大致的狀況，如果資本市場狀況不錯，銀行家就有了讓客戶期望過高、覺得承銷案一定能順利進行的後援；如果資本市場狀況很糟，銀行家就會含糊帶過，等交易失敗再拿來當成藉口：「我們警告過你們啦，資本市場狀況不太好，記得提案書裡的『資本市場現況』嗎？不能怪我們！」

如果提案書是關於諮詢業務，那「資本市場現況」就會改成「策略考量」，這部分的目標是要讓客戶覺得自己有必要併購、重整資本結構，或任何銀行家當天打算推銷的東西。在現實生活中，這部分很像益智遊戲「大驚奇」

（Boggle），協理在搖搖盒裡放進一堆聽起來很性感的財經術語（資本、綜效、效率、價值……），搖一搖，再隨機插入包含其他隨機術語的句子裡，沒有一句有意義，可是如果聽起來像商學院教科書裡會出現的句子，客戶就可能買帳，決定雇用這間投資銀行。

提案書的第三部分是「評估」，這是最重要、也是客戶真正關心的部分。銀行家在這裡會拿出真本事好好取悅客戶，也許是告訴顧客他們的公司值多少錢，不然就是銀行提議的交易可以為他們帶來多少進帳。有經驗的客戶一拿到提案書就直接翻到這裡，想快點找到答案，他們不理會銀行家，逕自找答案，如果對答案不滿意，有時還會直接把銀行家從後門攆出去。

最後一部分是「專業」，投資銀行要證明為何客戶應該雇用他們主導交易，這裡的行銷方式通常著重於大小和數量，就和大胃王比賽一樣。如果承辦過很多次某種類型的交易，銀行家就覺得這代表他們很專業，品質不重要，重要的是大小和數量。銀行家在這裡有機會大顯身手：編造排名表。

排名表會詳細列出投資銀行在某個領域承辦過多少次交易與經手的金額，每一本承銷提案書裡一定會有這類排名表。如果是首次公開發行股票的提案書，排名表便會吹噓該銀行首次公開發行股票的經驗，如果是高收益債券的提案，排名表就會強調他們發行高收益債券的次數。問題是，照理說一個領域只會有一間銀行是第一名，所以銀行家必須有創意，而協理的責任就是把創意發揮到極至。

製作排名表時，銀行家會不停刪除「適當的」交易，直到他的銀行變成第一名，有好幾百萬種方法可以達到這個目標。首先，銀行家也許會把交易縮減到某個特定金額內，再來，他可以把範圍縮小到只包括某些特定的行業，這樣還不是第一？那就把所有國外發行的案子都刪掉好了，再不然就排除和其他交易同時進行的交易。可能性無限，只要整型次數夠多，有青蛙腿的酒家女都能變成名模。

等排名表終於放進提案書裡時，已經幾乎看不到規避的痕跡，排名表的標題會是「本投資銀行是替愛克米公司（Acme）類似企業承銷首次公開發行股票的第一名。」警告標語會用幾乎看不清楚的註腳型式出現在頁末[4]，所有內情

4. 原註：首次公開發行股票交易金額在五千萬至一億五千萬美元之間，僅限於電信業，不包括外國發行人、不動產信託投資，以及同時發行債券的交易。感謝所有經理人。

都在裡面。

我曾經認識一個人，他告訴我他和七個不同女人上床，我說我不信，他說其中五個是斯堪地那維亞（Scandinavian）的應召女，這又是另一回事了。如果他是銀行家，就可以製作一個「性生活最頻繁」[5]的排名表，他排第一，張伯倫[6]第二，一定教人印象深刻，只要你不去讀註腳。

照理說，做提案書不該讓協理感到痛苦，因為只要用一點誇張、杜撰，加上大量抄襲，再加一匙過度樂觀評估，搖一搖，就大功告成了。可是現實生活中並非如此，在投資銀行界，提案書的傳統就是痛苦的折磨，然後獲釋，進而了解誰是老大。

協理可以在提案前一個禮拜把提案書的初稿交給執行董事，他們可以自己交，也可以請纏腰布的太監交；協理可以穿萊卡緊身衣、金色高跟鞋，像琳達．布萊兒（Linda Blair）在電影《大法師》（*The Exorcist*）裡，頭一邊

5. 譯註：僅包含斯堪地那維亞的應召女郎。
6. 譯註：張伯倫（Wilt Chamberlain，1936-1999），美國職業籃球明星球員，宣稱自己和兩萬個女人上過床。

三百六十度旋轉，一邊交提案書。提案書怎樣交都沒差。不管在什麼時間、用什麼方法交提案書，大部分執行董事都要等到提案的前一天晚上才會開始看，而且還會大改特改。為什麼？因為他們和我們一樣都愛拖拖拉拉，更何況協理不接受磨練怎麼行。

提案前一天，協理要花大半個晚上把提案書的草稿反覆傳真給副總裁、資深副總裁和執行董事檢查，一直傳到半夜。這些人會反覆修改對方的草稿和建議，一直到累到沒辦法再玩下去為止。在這過程中，協理扮演的角色是高級傳真員加高級打字員的角色，他要確定每一個人都看到其他人修改的東西。等到他們都睡了，協理便開始和文書處理部與影印中心合作，趕在隔天早上提案前印出提案書。

只有大約十分之一的提案會成功。有時候銀行家一走出會議室，就知道他們拿不到這筆生意，沒辦法，氣氛就是不對；有時則要過好幾天才知道結果，在協理心目中，最糟糕的狀況是碰到無法作決定的客戶，他們模稜兩可地告訴銀行家他們沒辦法決定到底要不要做交易，他們把門開了一條縫，讓執行董事覺得只要再用力推一下，就能說動客戶。我們稱這種客戶為「活死人」。

活死人最邪惡。他們吸走我們的腦汁、摧毀我們的精力，無論我們向他們發射多少顆子彈，他們就是死不了。執行董事傑克．蓋特斯基在協理間是出了名的最會引發活死人出現，因為他從不輕易放棄任何可能的機會。

蓋特斯基實在很怪，他長得很像智障的稻草人。最誇張的就是他頭上那撮尖尖的、驚人的毛髮，好像一隻飛鼠剛把他的頭蓋骨當成跑道降落。幾個協理為了那撮毛絨絨的稀奇玩意兒到底是不是假髮還打過賭。有些人覺得如此突兀、狀況這麼糟糕的東西不可能是天然的，另一派的論點是，像蓋特斯基這種日進斗金的人不可能戴這麼丟臉的配件。有一次，一個協理和蓋特斯基一起到佛羅里達州查核時，刻意租了一輛敞篷車，打算終結假髮或非假髮的爭議，結果卻遇到下雨，沒有機會開篷，計畫因此而失敗，所以至今爭議仍然不斷。

洛夫和蓋特斯基合作過很多次，他最了解此人為何得到「鱷魚」這個綽號。鱷魚是打扮成銀行家的史前蜥蜴，爭取交易時就像路易斯安那州沼澤裡攻擊肥小牛的鱷魚一樣。他躺在淺水裡，靜待下一個不幸的獵物出現，等獵物終於靠近，他就在翻騰的水裡使出利牙攻擊，不知情的客戶根本還搞不清楚狀況，就已經被鱷魚有力的大嘴緊緊咬住，唯一逃離的方法是付出一大筆手續費。不過，香甜的手續費不是唯一能讓這隻狡猾的爬蟲感到滿足的大餐，新鮮的協理肉同樣能討鱷魚歡心，因為那是尚待開發的資源，可以培養成攻擊客戶的強力武器。這就是為什麼這麼多協理都很怕鱷魚。洛夫和鱷魚共事過不只一次，他的疤痕就是最好的證明。

鱷魚真的很奇特，他是我們碰過最固執的王八蛋。銀行家擁有這種特質當然很好，但跟他共事的協理會很慘，而那個協理就是我。他從來不服輸，拒絕只讓他愈挫愈勇，給他更多力量。他的可怕之處在於他永遠不接受別人說「不」，客戶告訴他：「你好爛。你們永遠不可能拿到我們的生意，我們真的好討厭你。」隔天鱷魚又會打電話給他，告訴他另一個方案。傳說中真的有顧客特別要求不要讓鱷魚到他們的辦公室，因為把他弄走實在太難。他就像頑癬，只不過他會走路會講話。想要制止他，不是得限制他的行動自由，就是把他給宰了，兩個方法都有人認真考慮過。

幫鱷魚提案只是工作的開始，提案之後，他會強迫你構思、重整、嘗試好幾百種替代方案，任何方案可能引發的工作量和那個案子有沒有可能成交完全無關。

鱷魚的固執不只針對協理和客戶，而是針對任何人。他數年前從資深副總裁升為執行董事，就是因為他辦一個案子時的堅持不懈。他在那個案子的表現已經變成傳奇——他幾乎不間斷地逼迫那間公司長達兩年，等對方終於同意讓帝傑幫他們承銷垃圾債券時，交易才剛開始，他就把這個案子唯一的副承銷商煩走，讓帝傑多拿了一百萬美元的佣金，這在投資銀行界是前所未聞的奇蹟。帝傑銀行部的主管看到了，他認為最好趕快升蓋特斯基的官，才能好好利用鱷魚粗暴的賺錢潛力。

事實上，鱷魚之所以那麼瘋狂，也許是因為他的血液裡有太多腎上腺素。從前經常和他共事的副總裁羅伯．凱茲告訴我，他有一次和鱷魚一起搭機從亞洲飛回美國，他睡不著，鱷魚告訴他：「吃吃看我這種藥，半顆就好。」凱茲向他要一整顆，鱷魚勸他最好只吃半顆，因為：「這種藥還滿強的。」凱茲說他吃了半顆，看著鱷魚吞下兩顆，就馬上開始昏睡，連一個夢也沒作。

接下來凱茲只知道，不停有行李打在他的頭上，原來大家都已經開始下機，而鱷魚還在兩個座位外的地方全速處理一堆工作。什麼都不能減慢他的速度。

鱷魚知道自己惡名昭彰，並以此為榮。他本人說過一些故事，更是加深了他的傳奇程度，其中最棒的是我聽到的一個。當時我和他坐在一輛七〇年代晚期的凱迪拉克加長型禮車的後座，車子駛在明尼蘇達州的森林裡，我們剛參加完一場結案晚宴，正在到機場的路上，我們抽著廉價雪茄，把整輛車弄得煙霧迷漫。後來，我們開始吹噓自己做過的蠢事，此時鱷魚說了一個很經典的故事。

「我唸大學的時候，有一次和一個好友從印地安納州的南灣（South Bend）開車到密西根州的安娜堡（Ann Arbor）。那天晚上已經很晚了，我朋友看到前面有間便利商店，便停下來買咖啡和食物。他順便買了一本《閣樓雜誌》（*Penthouse*），作為我們待會兒上路時的消遣。

「我們幾乎都走很偏僻的鄉間小路，太陽已經下山，路很暗，我的朋友為了好好看清楚雜誌裡的裸女，把車裡的燈打開。這已經夠危險了，我朋友還在旁邊唸閣樓的「論壇」給我聽，造成我根本沒專心看路況，接下來我只知道，一頭該死的牛站在路中央，就在我們的正前方，我已經停不下來了，只好向牛撞去。

「那頭牛又大又肥，車和牛相撞，結果牛贏了。牠摔到引擎蓋上，滾了過去，撞碎擋風玻璃，再從引擎蓋的另一邊滾落地面，落地時四隻腳站得穩穩，實在有夠厲害。牠在那裡待了大概一分鐘，打了個嗝，然後就往路邊的暗處走去。」

「我和朋友受到的驚嚇可能比牛還大。那裡前不著村、後不著店，我們車子的引擎蓋扁掉，擋風玻璃模糊不清，還要開五十英里才到安娜堡。另外還有一個小問題：

撞到牛的時候，牠嚇到挫塞（台語發音，拉肚子的意思）在車子上，所以我們現在不只車子有問題、視線有問題，還有臭味的問題，我朋友看到車子變成那樣，都快瘋掉了，一直說我們要在那裡等別人經過，請他們把我們載到附近有拖吊車的地方。我說：去你的，不知道要等多久才有人出現，我無論如何都要到安娜堡。」

自從聽了這個故事，我時常想像鱷魚接下來開車到安娜堡的畫面。他重新發動引擎，一面開車，一面像小狗一樣把頭伸到車窗外。我可以看到他，英勇地開著車，時速到了三十五英里時，牛糞開始從引擎蓋上剝落，紛紛往後飛，飛到他的臉上。我可以想像他的朋友坐在車裡，聽著糞團打到鱷魚臉上的啪啪聲。我可以想像他抵達安娜堡，滿臉牛糞的模樣，就像二流恐怖片會出現的場景。這畫面雖然不美好，卻能幫助我了解鱷魚的行事風格。

和鱷魚這種執行董事共事，協理根本一點機會也沒有。在辦公室外面，他也許是很棒的人，甚至可能是人類的救星，可是只要走進銀行，他完全是怪獸。協理若被指派和鱷魚一起提案，就等於被宣判死刑，而且還沒有上訴的機會。電椅已經準備好，電源也已打開。

九、評估價值

謊言走了半個地球，真相才穿好靴。

——英國前首相　賈拉漢（James Callaghan）

投資銀行的協理花很多時間作評價。照理說，每一筆交易都牽涉到評價，假設銀行要賣一間公司，就必須評估該公司合理的售價；如果要發行股票，銀行家就必須透過評估來決定股票價值；若要發行債券，債券購買人會要知道發行這些債券的公司的資產值多少錢。

評價工作從剛開始提案便得展開，一直持續到交易結束為止。評價會向上、向下、往左、往右，也會由後往前。評價一開始看起來像小波碧[1]，到最後會變成鐘樓怪人。

所有唸過商學院的協理都熟知各種評價方法，有市場法、理論法，有交易價值、評估價值，還有永續經營價值和清算價值，這些東西楚普和我都知道，可是我們不知道投資銀行是怎麼評價的，等我們知道以後，我們稱其為「小狗交配評價法」，因為是由後往前。執行董事會先想出一個適當的數字（能幫助他拿到生意的數字），協理再負責往回推算，想辦法找出能支持這個數字的評估法。在這過程中，協理會拚命說服自己，要自己相信這是紮實的分析，不是掩人耳目的財務戲法。

可以運用的評估方法有很多，如果只要試幾個，就能找出可以算出目標數字的方

1. 譯註：小波碧（Little Bo Peep）為英文童謠裡放羊的小女孩。

法當然很好，問題是這些評估方法通常不會給出我們想要的數字，因為能幫助我們拿到生意的數字通常高得不合理，這雖然是個問題，不過我們一定有辦法克服，只要抱持最樂觀的態度作評估，就能到達我們必須要到的地方；只要我們願意把尊嚴拿去作二次抵押，一切都不會有問題。

這就是我們的做法。

比較乘數分析法

評價一間公司最快的方法是用比較乘數分析法（comparable multiples analysis，簡稱comp analysis）。這個方法是找出一組和評估對象相似的公司，再找出那些公司在公開市場交易的價格，舉例來說，該組公司也許平均以現金流量的十倍出售，那麼協理就只要找出交易公司的現金流量，乘以十，就可以算出公司的價值，簡單得很。比較乘數法的原則很簡單：如果你鄰居以三百美元賣掉他一九七五年的雪佛蘭車，那你一九七七年的雪佛蘭的售價應該也相去不遠。

比較乘數法的問題在於，銀行家多半想找乘數最高的比較組，意思是我們也許得拿和評估公司完全不相干的公司當對照組，協理的工作就是要想辦法讓所有公司看起來很類似，即使事實並非如此。我有一次承辦一間工程公司的首次公開發行案，該公司有很多傳播業的客戶，而傳播公司的股價比工程公司高很多，所以我們告訴買家那間即將上市的公司其實是傳播公司，只是剛好雇用很多工程師，結果還真管用。使用比較乘數法時，任何稍微扯得上邊的公司都會考慮在內，紅髮的繼子、八竿子打不著的遠親，都會受邀參加家族烤肉聚會。

大體而言，銀行家都很喜歡比較乘數法。比較乘數法只要好好做，就會包含很多數據，而銀行家最喜歡數據了。和我們同期進帝傑的滑頭有一陣子替帝傑的商業銀行做一筆交易，商業銀行打算賣掉一間他們投資的公司，需要用比較乘數法算出該公司在公開市場上可能的售價。那是一間紡織公司，執行董事說他需要非常詳盡的比較乘數，不能有任何遺漏，所以滑頭得整理出一百間公司的比較乘數，因為當中很多是內衣公司，所以我們稱它為「百大內衣公司之比較乘數分析」。這些公司每年會發表四次財務季報，每一次滑頭都要更新一百間公司的資料，每一次都足足花掉他兩天的時間，此時他發現他紅了，因為沒有一個投資銀行家比他更了解內衣公司的交易乘數，他找到他的優勢。

現金流量折現法

創意豐富的銀行家還有另一個重要的武器：現金流量折現法。此分析法是亂搞一通的始祖，可以讓琳達・拉芙蕾絲[2]看起來像虔誠的天主教徒女學生、讓尼克森看起來像林肯的分析法。運用現金流量折現法分析時，銀行家會先預測公司未來幾年後的現金流量，再算出這些未來現金流量的現值是多少。

現金流量折現法對於評價沒有營利的公司尤其好用，以比較乘數法評估的公司至少現在還要有一些營收、現金流量或盈餘，才有價值可言。現金流量折現法則不然，它是以該公司未來預測的表現來評估其價值，巧妙地處理掉這個問題。

製作現金流量折現法模型時，通常是由協理踏出勇敢的第一步。原則很簡單：真相完全不重要。預測時一定要讓營收變多、開銷變少，算出的結果要讓公司值一大筆錢，這樣一來公司執行長就會心花怒放。

協理大膽預測模型之後，資深銀行家便開始介入。資深副總裁決定營收成長應該

2. 譯註：琳達・拉芙蕾絲（Linda Lovelace）為美國三級片演員，一九七二年因主演色情電影《深喉嚨》而出名。

是每年百分之十一，而非百分之八，副總裁也叫協理把毛利多加一個百分點。對於利潤為何改善，投資銀行都有一些制式的理由，裡頭一定包含「營運效率」、「經營綜效」、「規模經濟」之類的術語，專案小組每一個成員都會從嫁妝箱裡拉出幾個類似的術語，稍微更改一下模型，就像動物標記勢力範圍一樣留下他特殊的印記，最終的目標只有一個：算出讓公司開心的數字。

一次又一次，協理扭曲現金流量折現模型裡的數字；一次又一次，他們作出如果按照模型的數字成長，那間公司將在三十年內主導全球的模型；一次又一次，投資人買進以誇張和不切實際的期望為基礎、索價過高的證券。不知為何，從來沒有人學到教訓，這就是現金流量折現法神奇的地方。

產業分析師

銀行家評估完之後，還有最後的防線，也就是產業分析師。產業分析師負責撰寫研究報告，提供受評公司的信貸準備金資料。按理說，產業分析師應該要約束過度樂觀的銀行家，替整個評價程序帶入專業的建議，有些的確如此，但也有很多並非獨立運作的分析師，他們變成投資銀行的一部分，協助銀行拿到交易，幫銀行拉生意。

產業分析師的誘因很複雜，一方面，他們必須維持一定的信用，因為結案之後，銀行家早已不見人影，分析師仍然要向因為相信他們而買下交易的機構法人負責；另一方面，投資銀行的目的是賺錢，承銷和諮詢費用是投資銀行的主要營收來源，對於營收沒有幫助的人就不會在投資銀行待得太久。「合作」的分析師很可能習慣吃高檔餐廳的韃靼牛肉，不合作的分析師到頭來只能去便宜快餐店吃漢堡牛肉餅。

銀行家和分析師在承銷過程中有機會長時間密切地合作，他們計算公司價值，爭辯該如何替公司定位、行銷，在這麼密切而緊張的氣氛下合作，常有銀行家和分析師從交易初期單純的同事關係，到最後變成戀人，甚至成了炮友。帝傑也無法倖免，時而出現這種半公事的幽會。楚普和我都聽過類似的流言蜚語，銀行家和分析師下班後在昏暗的會議室相互挑逗，最後開始翻雲覆雨了起來。

問題是這種風流韻事可能引發很大的爭議。銀行家和分析師在專業上應要扮演對立的角色，一般來說，銀行家的責任是替客戶爭取最高評價，而分析師的責任是捍衛銀行的尊嚴、提供公正的評估報告和買賣建議。想也知道狡猾的銀行家很可能會把激情的性當成籌碼，向性生活貧乏、急欲討好銀行家的分析師交換更高的評價。

無論產業分析師有多支持銀行家的評價，到頭來仍是由市場決定價格。銀行家可以要求產業分析師告訴客戶新發行的股票應該以盈餘的十五倍定價，可是如果市場不願接受這個數字，公司就不會得到銀行家要他們相信的售價。大家都知道銀行家往往高估市場願意接受的價格，所以他們到頭來一定得向客戶解釋銀行給他們的錢為何低於原先承諾的數字。無論銀行家有沒有和分析師上床，這個事實依然是要面對的。

一般而言，投資銀行家花好幾個小時、好幾天，有時好幾個禮拜的時間想辦法找出證明公司值一大堆錢的方法，然後，如果夠幸運能拿到生意的話，就要再花更多小時、更多天、更多個禮拜，告訴業務員、資本市場部的人和市場這間公司真的值那麼多錢。就像抓到一條魚，然後想辦法用手捧住，有些投資銀行家捉魚的技術就是比別人高超。

十、旋轉木馬

世上最有趣的事莫過於修改別人的稿子。

——英國當代科幻小說大師　威爾斯（H.G. Wells）

洛夫和我發現，投資銀行的評價工作只是第一步，這些痛苦只是冰山的一角，接下來還有為了拿到生意與拿到生意之後執行交易的一連串文件轟炸。協理要負責把所有評價數字弄得漂亮，還要讓支持數字的理由看起來更棒。唬人指數逐漸升高，接著，就要輪到文書處理部上場。

投資銀行協理經手的每一份文件都要經過專業的文書處理，提案時需要文書處理、內部文件需要文書處理、任何離開銀行，會讓客戶或潛在客戶看到的文件都需要文書處理。任何一張文件都必須美觀，因為這占了協理附加價值的百分之九十，投資銀行的協理若能有效率地處理文件，那他或她就至少能在華爾街享有四年成功的滋味。

文書處理就像電影院的葡萄乾巧克力，所有美國人都在吃，可是沒有人愛，這玩意兒應該要從地球上消失，卻依然存在。所有協理都痛恨文書處理工作，但這是投資銀行的必要之惡。

很不幸的，這必要之惡占據協理百分之四十到五十的時間，也就是每個協理每個禮拜花三十到五十小時在處理文件。華爾街投資銀行的協理呈送文件到文書處理部、校對文書處理部打好的文件、修改文書處理部那些傢伙打錯的地方、再送到文書處理部、再校正，這些時間加總起來真的很驚人。上述工作完成之後，負責案子的副總裁通常會改掉八成協理寫的東西，文書處理工作又開始循環。

帝傑文書處理部的員工活像從〈棒棒糖船〉[1]裡走出來的人，洛夫搭上這艘船很多次，很了解這群人。

文書處理員基本上有兩種，一種懷抱著明星夢，另一種是克里斯多福街[2]的同志。每一個都很有個性，完全不買菜鳥銀行家的帳，他們的能力不錯，可是如果他們不喜歡我們，就可能會故意犯很多錯。他們弄錯字體、底線、段落，讓漫漫長夜變得更漫長。要讓他們心情好很不容易，我們得有禮貌才行，我們沒辦法用錢收買他們，這些人的時薪大約二十美元，根本不在乎錢，他們要的只有尊重。看到自命不凡、心高氣傲的銀行家巴結一心只想到克里斯多福街和男友約會的文書處理員，著實令人賞

1. 譯註：棒棒糖船（*The Good Ship Lollipop*），小童星秀蘭鄧波兒（Shirley Temple）在一九三四年電影〈明亮的眼睛〉（*Bright Eyes*）裡演唱的歌。
2. 譯註：克里斯多福街（Christopher Street），紐約市同志區。

心悅目。銀行家無法了解文書處理員的世界，但是文書處理員可以左右協理的命運。協理犯下最大的錯，莫過於得罪文書處理部的人。

文書處理工作好似旋轉木馬，要解釋這個工作無聊到什麼程度最好以實例證明，不過別忘了，沒有一個例子可以完全傳達我們的痛苦，我們每天都得面對這些，而且幾乎做每一件事都得重頭經歷一次。

例子

提案初期的評價工作完成後，副總裁多半會對協理說：「寫寫看摘要報告吧。」摘要報告主要是在介紹對方公司的業務，並向該公司解釋這個案子為何該由提案的投資銀行主導交易。提案書其他部分在說明提案的投資銀行為何應該承銷這筆交易。

「寫寫看」在投資銀行相當於要你去角落手淫，在角落手淫已經夠糟了，更糟的是你不但要自己動手做，還要自己清理。協理寫好摘要報告，送到文書處理部，拿回來之後，副總裁會改寫摘要報告，協理再送到文書處理部，再拿回來、校對，接下來資深副總裁又會改寫摘要報告，協理再送到文書處理部，再拿回、再校對，最後，執行董事第四度改寫摘要報告。這樣你應該大概了解了，這個程序會一直循環下去，讓人煩到幾乎抓狂。洛夫替一間電信公司寫摘要報告時就有過這種鬼打牆的經驗。

我的原稿：

瑟流勒內特公司（該公司）為行動電話周邊產品的領導廠商，營收超過一億五千萬美元，業務量十分龐大。

該公司計畫籌資一億美元購買行動通訊業公司，此舉必能產生綜效。

帝傑（Donaldson, Lufkin & Jenrette）能為該公司順利籌募股票或債券，並相信該公司採用的整合策略，會是相當精彩的故事，帝傑必能順利向投資人推銷。

帝傑是華爾街主要投資銀行之一，華爾街最優秀的電訊分析師，霍華．伊森斯坦先生會傾全力支持該公司的交易。

帝傑是最擅長推銷「故事公司」的投資銀行。

我走到文書處理部遞交文件，讓事情開始運作。馮斯托很憔悴地坐在那裡，他掌管文書處理部，負責分派工作。我不知道他為什麼看起來那麼憔悴，也許他昨晚在色情俱樂部狂歡了一整夜，也許他只是有點累。我填好文書處理申請表，夾在我手寫的文件上。我並沒有對馮斯托特別好或特別壞，但他可能覺得我不夠禮貌，因為他把我的文件指派給伊蓮娜。伊蓮娜是個大美人，但英語不太行，說話時嘴巴裡像含了塊石頭，而且我相信她如果頭一斜，很可能會有小石頭掉出來。兩小時後文件回到我手上，變成這樣：

摘要報告

瑟流勒—內特公司（該公司）為行動電話周邊產品的領倒廠上，營收超過一億五千萬美元，業務兩十分龐大。

該公司計畫籌資十億美元購埋行動通訊業公司，此舉。帝傑（Don aldson, Lufkin & Jenrette）能為公司順利籌募股票或債券，並相信該公司採用的整合策略。

帝傑是華爾街主要投資銀行恩之一，華爾街最優秀的電訊分析師，霍華．伊森斯坦先生會傾全力支持該司的交易。

帝街是最擅長推銷「故事公司」的投資銀行。

真是氣死人。我把錯字圈出來，交給文書處理部，並以很親切的語氣告訴馮斯托，我好感激他長久以來的努力，真不知他是怎麼辦到的。他心花怒放，一個小時後，完美的文件出來了。

隔天我把「寫寫看」的摘要報告呈交給副總裁，他大改特改之後，變成這樣：

＊記得要用標楷體

摘要報告 ←字體放大

反長期合約　首屈一指的

瑟流勒內特公司（該公司）為行動電話周邊產品的領導廠商，營收超過一億五千萬美元，業務量十分龐大。

金　金　擁有龐大的

該公司計畫籌資一億美元購買行動通訊業公司，此舉必能產生綜效。帝傑（Donaldson, Lufkin & Jenrette）能為該公司順利籌募股票或債券，並相信該公司採用的整合策略，會是相當精彩的故事，帝傑必能順利向投資人推銷。

DLJ　產業　按原文

帝傑是華爾街的主要投資銀行之一，華爾街最優秀的電訊分析師，霍華·伊森斯坦先生會傾全力支持該公司的交易。帝傑是最擅長推銷「故事公司」的投資銀行。

DLJ的　少數有能力

他改完之後大約晚上九點，我送到文書處理部，拿回來的文件不用說當然有錯，所以我又得再送一次。

文書處理部把文件打好時已經十一點半。副總裁要我把打好的文件傳真給他，我傳過去，他當然還沒睡，因為他半小時前才離開辦公室。電話那頭傳出電視的聲音，音樂聽起來很耳熟，我確定那是羅蘋·伯德[3]秀的主題曲「寶貝，我們來炒飯」。我暗自發誓，如果有朝一日升任副總裁，我一定要訂情趣頻道（Spice Channel）或花花公子頻道，這樣協理傳真提案書來的時候，我至少有優質的辣妹可看。

副總裁把改了更多地方的草稿回傳給我，要我明天早上交給他。我可以把他改過的草稿送到文書處理部，等他們打好，檢查無誤後，把成品放到他桌上，也可以把文件送到文書處理部，回家小睡一下，明天一大早到辦公室檢查文書處理部打好的文件。無論哪一種方法，我的睡眠時間都不會超過五小時。

隔天草稿又往上爬了一層，到了資深副總裁手上。資深副總裁看過報告後也做了修改。

3. 譯註：羅蘋·伯德（Robin Byrd），從前為三級片女演員，現為紐約「羅蘋·伯德秀」的主持人。

摘要報告

瑟流勒內特公司（該公司）為行動電話周邊產品~~首屈一指~~的廠商，營收超過一億五千萬美~~金~~，~~擁有龐大的~~業務量~~及長期合約~~。

的領導　元　十分龐大

該公司計畫籌資一億美金購買行動通訊業公司，~~此舉必能產生~~綜效。帝傑（~~DLJ~~）將能為該公司順利籌募債券或股票，並相信該公司的整合策略，會是精彩的故事，帝傑必能順利推銷。

創造　Donaldson, Lufkin & Jnerette　向投資人

帝傑是華爾街的主要投資銀行。華爾街最優秀的電訊分析師，~~DLJ的~~霍華・伊森斯坦會傾全力支持該公司的交易。

帝傑是少數有能力推銷故事公司的投資銀行。

★加上表格，証明帝傑推銷故事公司的能力。

★加上彩色圖表，証明帝傑替電信公司發行股票及債券的能力

負責此案的資深副總裁很喜歡圖表和表格，他已經精通以文字胡謅的藝術，正在追尋更崇高的目標：用彩色圖表讓客戶留下深刻的印象。實在了不起。

我大約下午六點拿回改好的文件，文書處理工作又開始循環。送到文書處理部，打好後先給副總裁過目，確定沒問題才能送到資深副總裁手上，反覆確認是投資銀行不可獲缺的一環。接下來，我把文件傳真到資深副總裁家，他又改了一些，回傳給我，我送到文書處理部，拿回來時檢查一遍，當然有錯，所以我又得送回文書處理部。然後副總裁要我傳真到他家，他又改了更多地方，此時已是半夜，可笑的循環似乎永遠沒有終點。

隔天，執行董事看了摘要報告，又改一遍，變成這樣：

摘要報告

瑟流勒內特公司（該公司）為行動電話周邊產品的領導廠商，營收超過一億五千萬美元，業務量十分龐大。

打算

該公司~~計畫~~籌資一億美元購買行動通訊業公司，期能創造綜效。帝傑（Donaldson, Lufkin and Jenrette）將能為該公司順利籌募股票或債券，並相信該公司的整合策略，會是帝傑能順利向投資人推銷的故事精采。

帝傑是華爾街的主要投資銀行。華爾街最優秀的電訊分析師，霍華・伊森斯坦會傾全力支持該公司的交易。

帝傑是~~少數有能力~~擅長推銷「故事公司」的投資銀行。

＊表格用紅色、圖表用青紫色和黃色。

＊圖表不要用紅色、表格不要用黃色，字體大小改成

＊粗體字大小要用14，圖表外圍加框線，加粗。

這位執行董事很重視外觀：顏色要對、字型要適中、粗體清楚、底線要粗。我把他改過的版本送到文書處理部，接著給資深副總裁過目，他略微修改了一下，我又送回文書處理部，再拿給副總裁看，他改了一些標點符號和字體之類的小地方，我又送到文書處理部。再把文件傳真到執行董事家大概是下午六點，他改了幾個地方，又回傳給我。我送到文書處理部，傳真給資深副總裁，他蓋章核准，我再傳給副總裁，他也蓋了章。來來回回的修改，耗掉我生命裡的四十八小時，除了多加一些圖表，幾乎和最初的版本沒有兩樣。

摘要報告

瑟流勒內特公司（該公司）為行動電話周邊產品的領導廠商，營收超過一億五千萬美元，業務量十分龐大。

該公司打算籌資一億美元購買行動通訊業公司，期能創造綜效。帝傑（Donaldson, Lufkin and Jenrette）將能為該公司順利籌募股票或債券，並相信該公司的整合策略，會是帝傑能順利向投資人推銷的精采故事。

帝傑是華爾街的主要投資銀行之一。華爾街最優秀的電訊分析師，霍華・伊森斯坦會傾全力支持該公司的交易。

帝傑是很擅長推銷「故事公司」的投資銀行。

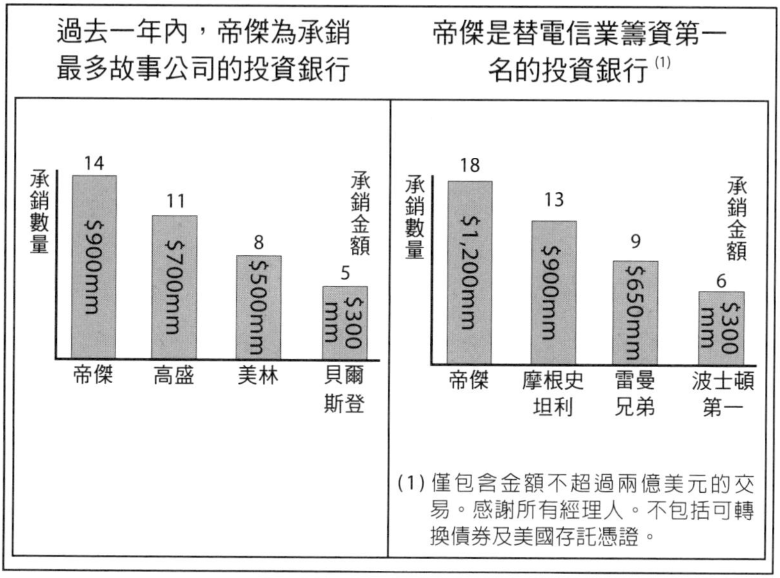
過去一年內，帝傑為承銷最多故事公司的投資銀行
承銷數量
承銷金額
14
$900mm
帝傑
11
$700mm
高盛
8
$500mm
美林
5
$300mm
貝爾斯登
帝傑是替電信業籌資第一名的投資銀行 (1)
承銷數量
承銷金額
18
$1,200mm
帝傑
13
$900mm
摩根史坦利
9
$650mm
雷曼兄弟
6
$300mm
波士頓第一
(1) 僅包含金額不超過兩億美元的交易。感謝所有經理人。不包括可轉換債券及美國存託憑證。

所以，這份文件究竟何時完成？答案是：和公司開會前十二小時。如果提案是在一個禮拜後，那副總裁、資深副總裁、執行董事就會想出更多圖表、表格和蠢話放進提案書，直到提案前十二小時才會停止，意思是，協理只剩十二小時的時間能印製提案書。

下一站：影印中心。

十一、瓶頸

準時的問題是沒有人在場感激你。

——百老匯名作曲家　哈洛・羅姆（Harold Rome）

這一章要討論影印中心，不是探討投資銀行家厚厚的薪水袋，不是股票、債券、融資收購，也不是待遇過高的老頭從秘書身上尋求愛情的派對，而是影印中心。影印中心是最重要的地方，雖然這個說法著實違背一般人的直覺。楚普和我還沒成為銀行家之前，如果有人問我們哪裡是投資銀行最重要的地方，我們會說「交易室」或「法人機構業務部」，也許會說「高爾夫球場」。可是，我們絕對不可能說「影印中心」，因為實在太不合理，我們是銀行家，我們負責做交易，我們不負責影印。

但是，我們很快就知道我們錯了。

我們在投資銀行界的成與敗，完全被一幫愛國的波多黎各人操作的一長排全錄影印機左右。這群人是搞革命的，他們能變成我們最強的盟友，也會變成最可恨的敵人。惹到他們就等於自殺，沒有影印能力的銀行家形同廢物，所以影印中心的鬥士們就成了我們最好的朋友。只要他們提出要求，我們什麼下流的事都做得出來。為了影印中心的人，再大的犧牲我們都甘願。

文書處理部就像大腦，如果沒有手，大腦也沒用。天才可以想一整天的好點子，但是想法若無法付諸行動，就好比沒有鑰匙上發條的鐘一樣無用。影印中心就是那把鑰匙，它複製文書處理中心打好的文字，散播想法、賦予想法生命。在那裡，點子變成真實的、觸摸得到的東西：好幾大疊紙和書脊上印有「帝傑」的提案書。

有些投資銀行家把製造紙張的數量多寡當成衡量成功的標準，他們是所謂的「紙張銀行家」，在他們心目中，愈多等於愈好。紙張銀行家影印財務報表、模型、研究報告，然後分送給所有和交易相關或不相干的人。他們這麼做是為了自我保護，避免別人以後對他們大叫：「你他媽的怎麼不早點告訴我！」紙張銀行家有時不需要理由也能影印，他們送一堆雜七雜八的文件到影印中心，請影印中心印個五十份，只因為他們最近沒印什麼東西、心癢難耐。

帝傑影印中心的人其實不是帝傑員工。雖然影印中心在帝傑辦公室裡，不知情的人也許以為那是帝傑的一部分，其實不然。影印中心是外包給一家承包紐約市很多大企業影印中心的公司。很多銀行家對錢賺得比他們少的人都很沒禮貌，包括所有協助他們完成工作的人，帝傑一些銀行家覺得他們可以對影印中心的人格外沒禮貌，因為他們根本不是公司的員工。他們覺得自己可以恣意妄為，反正如果影印中心的人抱怨，銀行家就可以威脅他們的大老闆：「你這些該死的員工，如果他們的態度不他媽的改善，我們就要中止你們的合約。」這種錯通常不會出現第二次。

影印中心是提案書製造過程一定會出現的瓶頸階段，瓶頸在文書處理部也會出現，但影響程度遠遠不及影印中心。文書處理時，字體可能會錯、圖表可能一團糟，雖然既討厭又浪費時間，但這些問題都還算容易解決。協理在文書處理階段會感受到時間壓力，但完全無法與影印中心階段的壓力相提並論。提案書到了影印中心，往往隔天早上就要提案。我們一致認為，投資銀行史上從來沒有一本提案書是在提案前二十四小時送到影印中心，此話完全不誇張。如果銀行家有時間改，他就一定要改，所以銀行家絕對不會容許提案書在非完成不可之前完成，也就是提案書要送到客戶手上十二個小時前。

即將面對一生中最重要提案的菜鳥銀行家抱著提案書，很準時地在凌晨兩點走進影印中心，他告訴櫃台後面的人：「明天早上七點以前，印好二十本。」櫃台後的人會告訴他：「老弟，慢慢等吧。」說著便指向一大疊早上七點鐘前得印好的提案書，告訴銀行家：「明天中午前印好就算你幸運，抱歉啦。」

首先要了解，銀行家沒辦法跑到外面的影印店自己動手做，這是很大的工程：彩色影印、裝訂、插頁、膠裝。影印中心那些傢伙雖有諸多不是，卻也是唯一有辦法迅速處理提案書怪獸的人。把提案書拿到外面影印店，就像用廚房菜瓜布清理海岸的漏油一樣。

所以這個時候，他們之間的互動可能有兩個選擇。

第一：協理立刻大發雷霆，對影印中心的人大吼：「你他媽的白痴啊？這本提案書早上七點以前一定要弄出來，你懂不懂？了不了？我的東西，這個東西，要優先處理！這是本銀行十年以來最大宗的交易，你知道這是什麼意思嗎？除了你悲哀的可憐生活，你還懂什麼？你當然不懂，我在想什麼？聽好了，你的白痴腦袋給我靈光一下，這個東西要優先處理！明天早上七點前要給我弄好！」

這正是影印中心的人最想聽的話，完全是一個小時賺七塊錢的人覺得自己該受的尊重。一個出現中風前兆、含著銀湯匙出生、在象牙塔中長大的討厭鬼，居然敢罵中南美之光的白痴，而且，他一面罵，一面還要求他幫忙。這個有錢的白鬼子銀行家氣成這樣，完全顯露出他的著急，只有熱鍋上的螞蟻才會激動成這副德性。

這世界很不公平，而華爾街金錢遊戲不公平的天性又把這種不公不義推到極至，不過，影印中心是華爾街小人物有機會出頭的地方。遇到亂發脾氣向他們發號施令的銀行家，影印中心的人可以給這些有錢的討厭鬼他們應得的報應。這裡是私設公堂，專門審判討厭鬼，影印中心的人是法官兼陪審團兼劊子手。他們轉過頭來，看著氣得半死的銀行家，告訴他：「真抱歉，我們沒辦法優先處理你的東西，這裡由我管，決定由我作，你的東西該好的時候就會好。」銀行家別無選擇。他不會影印，更別提彩色影印，他也不知道如何裝訂文件；他不知道分頁紙、薄板、封面、膠膜、封底在哪裡，他什麼都不知道。不像文書處理工作，非不得以時，稍微像樣一點的協理都可以自己來。協理沒辦法做影印中心的工作，完全不可能。他完蛋了。他孤立無援、別無選擇，只能面對現實。他必須忍氣吞聲，改用另一種手法，他得選擇第二種。

第二：有錢能使鬼推磨。協理要靠協商和賄賂的技巧，才能把他的東西推到優先名單的最前面。這其實沒有表面上那麼容易，因為直接給影印中心現金這種方法只能在耶誕節期間使用，其他時候必須使用更微妙的賄賂法，而且手腕要更高明才行。資深銀行家不會玩這種遊戲，執行董事根本不知道如何和影印中心的人打交道。執行董事也許擅長在董事會和沒耐心的公司執行長談生意，但是到了拜託影印中心的胡立歐優先處理提案書時，他們根本派不上用場，這只能仰賴他們的助手，也就是協理。

優秀的協理從上班第一天起就明白和影印中心打好關係有多重要。優秀的協理會先上好潤滑油，即便當時還不需要影印中心的快捷服務；優秀的協理每隔幾個禮拜就會訂五、六盒比薩當晚餐，順便送二盒到影印中心；優秀的協理每個月都會跑到街角的小店，買一箱啤酒送到影印中心；優秀的協理耶誕節會塞一張二十元美鈔到影印中心的人的口袋裡，讓他們對你萌生好感，或是塞五十美元到相同的口袋裡，讓好感加倍。這樣一來，優秀的協理需要快速影印服務時，他會發現他的文件被排在最前面，而沒禮貌的協理在一旁大吵大鬧，截止期限後三個小時才拿到成品。人與人之間本來就該禮尚往來、互相幫忙。

影印中心很像工廠，裡頭放滿大型工業用的影印器材，吃感冒糖漿不能操作的那種。影印中心的影印機是活生生、會呼吸的怪物，可以在你還沒點好一根菸前就印出一千張文件，在舒緩神經的尼古丁進入你的血液前就裝訂好文件。這不是選一選要幾張、按下大大的「影印」鍵就可以影印的那種，而是控制台有如核子潛艇配備的影印機，十分嚇人，只有影印中心的人才有辦法操作。

影印中心除了影印機，還有大型打洞機、裁紙機、巨型剪刀、訂書機，和又大又複雜的裝訂機。裝訂機的一側有很大的鋼製手把，只要一拉手把，兩排金屬齒就會把塑膠封皮拉開，讓影印中心的人把文件放到封皮裡，很像產檯的腳蹬。你絕對不會想光著身體出現在影印中心，有太多東西可能被卡住、扭轉、拉扯、切掉。

最基本的影印就有好幾百萬種變化，有標準影印、彩色影印，有白色紙、藍色紙、米色紙，有硬塑膠條、訂書機或螺旋圈裝訂，封面有直式、橫式，有開窗或不開窗，還可以加膠膜，封底可以是綠色或黑色，帝傑的標誌可以印橫或印直，有無限多種可能的排列組合。影印的文件可以組合、分頁、釘好、打洞，文件可以送到辦公室，也可以自己領。銀行家給影印中心一張紙，可以拿回印在高級證券紙上、護貝過的文件，還裝訂成小冊子，綠色的封面上有看起來很高級的、燙金的「帝傑」字樣，讓那張紙看起來很有質感。這就是製作提案書的重點——使平凡的資訊看起來不凡。

協理把文件送到影印中心時，必須填一張申請表，表格裡包含所有可能的選項，很像入學考試的考卷。協理填表時要很小心，因為影印中心的人完全按照表格的指令作業，他們不需要用大腦，只要動手做。如果協理拿回文件，覺得影印中心的人搞錯了，他跑到影印中心抱怨文件有問題，要求有人出來負責。影印中心的人便會在櫃台後面找申請表，大部分時候他們都會笑咪咪地拿出單子，證明菜鳥銀行家自己把表格填錯，這讓他們覺得很得意。如果影印中心的人說他們找不到申請表，那就代表「我們弄錯了」，影印中心絕對不會公開承認他們出錯，他們知道如何自我保護。

楚普深知和影印中心打交道有多挫折，因為他和傑克．蓋特斯基（鱷魚）共事過很多次，鱷魚很愛影印。楚普有一次跟我說，他覺得鱷魚有超過正常銀行家程度的影印癖，他發誓他看過鱷魚從影印中心拿回一大疊微溫的影印紙，閉上眼睛，靠在椅子上撫摸溫熱的紙。

鱷魚非常熱衷影印，尤其是彩色影印，圖表、表格、地圖、圖片，這些他也都愛。每次替他做提案書，我們一起檢視提案書草稿時，我都會不停自言自語：「求求老天爺，不要有太多彩色影印；求求老天爺，不要有太多彩色影印，不要讓他要求太多彩色影印，拜託拜託。」我的祈求從沒應驗過，老天爺都沒有來拯救我，鱷魚對彩色影印的癖好永遠壓過他內心可能殘存的一絲理性。

彩色影印會破壞提案書的製作程序。影印中心雖然有最先進的高科技設備，製作提案書的過程其實很原始，黑白影印是用一台機器，彩色影印是用另一台速度慢很多的機器。影印中心的人是以人工來整理提案書。五十堆文件分散各處，每一堆都是一本提案書，他們把彩色影印機印好的文件拿下來，插到每一疊文件裡該放的地方，如果一本提案書裡只有三、四張彩色頁，那就比較不會出錯，但是鱷魚的提案書通常彩色頁比黑白頁還多，意思是無論影印中心的人再怎麼小心，都很可能出錯。更何況影印中心的人一小時才賺七塊美元，他們通常才不管那麼多，再加上一邊還有二十個銀行家每隔十五分鐘打一次電話問他們比較簡單的文件什麼時候完成，種種因素相加，便註定是災難。

所以我每一次拿回影印中心印好的提案書都得一本一本檢查，確定頁次無誤、紙都用對、別人提案書的資料沒有跑到我的提案書裡，就像在工廠打零工一樣。一旦找到錯誤（其實這也是難免的），我也不能抱怨或責罵影印中心的人，因為這樣只會把他們惹毛，下一次等我需要幫忙時他們就會擺我一道。我得把提案書拿回影印中心，一副錯誤是由我造成的模樣，哀求影印中心的人幫我處理，好讓我在時限內完成——通常只剩不到十小時。影印中心的人很討厭我把他們覺得永遠不會再看到的東西帶回去，所以要給他們夠多的誘因，他們才願意幫我改。我的法寶是鬼把戲的膝上舞[1]，只要請他們幾場，他們通常會幫我處理。

有一次，我凌晨四點半拿到印好的提案書，負責印製的人一弄好就下班了，換另一個人當班。一如往常，提案書錯誤百出，我三個半小時後就要飛到辛辛那提開會，情況有點棘手，要向另一個人解釋問題出在哪裡，告訴他怎麼

1. 譯註：膝上舞（lap dance），脫衣舞孃坐在客人的大腿上跳舞。

改得花好幾個小時，而我自己一個人也不可能完成，因為我不知道怎麼操作那些機器，所以，一張五十美元鈔票從我口袋裡變出，外加兩個雙層美式臘腸比薩，打動了我的新朋友曼紐爾，讓他願意幫我一本一本看、一本一本改。

曼紐爾和我一起檢查每一本提案書，也一起吃掉兩個比薩。首先，每一本都要加進第十二頁，一共有十四本，一本都不能少；再來，每一本都要加封底，然後第三十四頁要改成彩色圖表，第七頁得換掉，第二十四和二十五頁顛倒了，要換回來，第四十二頁在第四十三頁後面，也要換回來。最後每一本都要再檢查一遍。

我們弄完時（至少我是這麼以為），已經早上六點半，我再檢查一遍，發現還是有一些問題。這種千篇一律的工作真的很乏味，曼紐爾和我實在沒辦法不搞混，所以，又得再度借重螺旋圈裝訂機和影印機，其他人的東西基本上都完蛋了，但我可是拿出了五十塊和兩個比薩。早上七點半，終於大功告成，我半小時內得趕到機場。前一天晚上我已經把打包好的行李放在辦公室，因為我知道一定會發生這種事，也的確發生了。我抱著十四本提案書，拉著行李袋，夾著公事包和手機，拖著一夜沒闔眼的身體跑向計程車。

過去一年來，我都在和一個叫瑪裘莉的女孩約會，因為她住在芝加哥，我們要談遠距離戀愛。最近我們開始認真交往。我從計程車上打電話給她，在她的答錄機裡留言，跟她說「對不起」。上個週末她來紐約看我，結果整個週末我都在工作，留她在公寓裡，我覺得很不好意思。還好美國有連鎖花店送花服務。

我在計程車上檢查提案書，有十本是好的、兩本有點問題、兩本根本不能看。我自己留一本有點問題的，然後祈禱給鱷魚一本好的之後，那間公司不會有超過九個人要拿提案書。我把不能看的兩本丟到拉瓜地亞機場（La Guardia）的垃圾桶。

我在快要截止登機前一刻趕到登機門，我走到座位，鱷魚正在看華爾街日報，像春天的雛菊一樣清新可人，他瞄了我一眼，說：「還好趕上了，不然你會死得很慘。你看起來糟透了，真可恥。」

我和鱷魚過去一年來一起經歷了很多事，雖然對他心懷不滿，我仍然很尊敬他，我記得他偶爾好人的模樣，但這次他實在太超過了。也許向客戶提案的壓力使他變成討厭鬼，不過，無論原因為何，我都有一股衝動想把他拉起來，脫下他的褲子，將整袋提案書塞到他的屁眼裡。

經過這次事件之後，楚普和鱷魚所剩的感情也幾乎消磨殆盡。他們在另一世也許是好朋友，也許會喜歡彼此的陪伴。不過，他們不在另一世，而是在有彩色影印的今世裡，所以他們暫時還是敵人。

十二、年終派對

兩惡相權，我一定會選沒試過的那個。

——美國一九三〇年代知名演員、歌手和劇作家梅蕙絲（Mae West）

楚普和我的全職協理菜鳥生活十分痛苦。馬不停蹄的提案、漫無止境的評價騙術、討好文書處理部男同志的漫長夜晚、送影印中心墨西哥兄弟的禮物……，這些吃力不討好的工作顯然不是年輕投資銀行家心目中美好的憧憬。不過，我們仍然有無窮的希望，希望自己有一天能主導交易、呼風喚雨；希望上頭給我們天文數字的考績獎金；希望帝傑的總裁約翰．喬斯提把我們叫進辦公室，告訴我們：「你就是我要找的人，我需要你，我要以你為中心打造我的事業。」選擇性認知法還是很好用，我們只看得到、聽得到幫助夢想滋長的東西。

交易來了又去，不同公司、不同需求、不同行業、不同的交易團隊。生活中唯一不變的是每天早上走進辦公室，我們都知道今天會和昨天完全不一樣。我們學會預期無法預期的事，也習慣以為我們的所做所為攸關全球人類福祉。我們學會在壓力鍋裡工作，而不被煮熟。

每一天雖然不一樣，不過還是有套大致的規律。菜鳥銀行家都是夜貓子，沒有一個協理會在早上九點前進辦公室。我們到了辦公室，一定有東西需要檢查，所以每天早晨都是檢查時間，也許是昨晚下班前送到文書處理部的文件，也許是某個分析師剛做好的財務模型。無論是什麼，我們都得花一整個早上逐字檢查，以確保我們不會因為別人的疏失遭到責罵。

檢查工作通常持續到午餐時間。大部分的上班族是用午餐來分隔一天的時間：「午餐前」和「午餐後」，大多數美國企業過了午餐時間就愈來愈輕鬆，投資銀行可不一樣。投資銀行協理的一天可分成四個階段：「午餐前」、「午餐後」、「晚餐後」和「午夜十二點後」。

帝傑的午餐時間代表一天才要開始。我們通常在辦公桌吃午餐，保持低調比較安全，如果我們想冒個險，就會找一群同事到員工餐廳吃飯。在員工餐廳吃飯很危險，最好別被負責人事的執行董事道格・富蘭肯看到，因為他認為出現在那裡就是懶惰的表現。我們好像在玩俄羅斯輪盤，只要富蘭肯看到一群人出現在餐廳，其中就有一人要替大家挨子彈，只是不知這個人是誰。

「午餐後」的時段通常排滿了會議：和客戶開會、和潛在客戶開會、和專案小組開會、和律師或會計師開會，如果沒有碰面，就是透過電話開會。和客戶開會前，我們要先開小組會議，討論我們和客戶開會要討論什麼，和客戶開會後也要開小組會議，討論我們剛才和客戶討論了什麼。所有協理都討厭開會，因為會議是小小點子有辦法蘊釀成龐大工作量的地方。「我想到一個點子」聽在我們耳裡就像詛咒，我們一聽到這句話，心就會沉到谷底。

執行董事不只在開會時想點子，有些人還特別喜歡用電話留言傳遞壞消息。像寡婦就很愛用電話留言避開所有人與人的接觸，他坐在巢穴裡，直接把包含一大堆新點子的留言寄到我的語音信箱裡，連電話都不用打。有好幾個下午，我坐在辦公桌前，看到留言的訊息燈開始閃，而電話根本就沒響，只要發生這種事，我就知道那是寡婦陰險的留言炸彈。

只要資深銀行家還在辦公室，我們就很難真正完成什麼工作，這就是為什麼很多工作天都要延續到「晚餐後」和「午夜十二點後」。執行董事通常在晚餐時間離開辦公室，這代表電話不會再響，我們終於能好好做事了。不過，每天晚上做事之前，我們都還有一個小小的慣例：楚普、滑頭和我會找另外三個同事小聚一下，我們的班底包括「大隻」艾薩克・強森，此人在高收益部工作，有一次因為睡眠不足，走路撞到牆；還有「翅膀」麥克・羅根斯道，他永遠打扮得光鮮亮麗，以為自己隸屬於商業銀行，其實和我們一樣都是什麼都得做的打雜小工；另一個是我們的好友，購併部的「肥肥」狄巴克・維爾馬，他的肚子很大、屁股很小，以致於西裝褲看起來好像歌劇女高音的蓬蓬裙。我們每天晚上都會叫外賣、占據會議室，至少花半個小時把當天所有罵過我們的人罵回去。

我們用辱罵和髒話佐餐。所有人的名字都變成「爛人」、「討厭鬼」、「白痴」，我們沉迷於侮辱對方的尊嚴，晚餐的發洩時間把我們凝聚在一起，讓我們每天晚上都有機會安慰彼此，告訴對方我們的夢想依然存在，同時也發現我們只是投資銀行裡的小小機器，朝著相同的命運走去。晚餐是我們的團體治療時間。

我們一個禮拜不只一起吃五頓晚餐，通常週末也一起吃。每天到了晚餐時間，都有一件事始終如一：滑頭的晚餐。滑頭每天晚上都點一樣的東西：波隆那肉醬通心麵、提拉米蘇和兩小瓶聖沛黎洛（San Pelegrino）氣泡礦泉水。其他人都會稍微偶爾換換口味，但滑頭不會，他很專一。我們在帝傑的第一年，滑頭出差大概五十天，可能還有二十個週末他不在辦公室吃晚餐，意思是那一年我們坐在會議室裡看著滑頭吃掉二百九十次波隆那肉醬通心麵、提拉米蘇和兩小瓶聖沛黎洛氣泡礦泉水。那是數量很驚人的波隆那肉醬。楚普和我都認為波隆那肉醬麵是滑頭的精神支柱，無論那天發生了什麼，滑頭都知道波隆那肉醬麵到了晚上就會出現，就像女朋友一樣，不過比女朋友更好，因為波隆那肉醬麵永遠準時、不會因為他整晚工作而發脾氣，也不會在他取消度假時對他大叫。

「晚餐後」是生產的時間。上帝是先創造再休息，投資銀行協理卻先趁晚餐休息，之後再創造。晚上八點到半夜是黃金時段，我們整理提案書、製作模型、更新比較乘數分析的數據、寫備忘錄。只見鍵盤喀喀作響、鉛筆亂飛、我們的頭腦飛快地轉動著。此時我們才覺得自己有在前進，而不是原地踏步或慢慢倒退。如果工作沒那麼緊急、隔天早上不用交出什麼東西的話，我們就能在半夜十二點前離開辦公室。不過，通常不會有這種好事。

如果有急事要趕，就會進入「午夜十二點後」的階段。一過了午夜十二點，協理就成了指揮，材料都已備齊，就等協理把材料轉換成具體的東西。過了半夜十二點，協理走上指揮台，開始舞動指揮棒，樂團隨之演奏了起來。文書處理部、影印中心、年輕的猴子分析師都各司其職，有些樂章快速猛烈，有些舒緩平靜，但樂聲幾乎不會間歇。如果樂聲暫停，協理就會倒在可調整的椅子裡，閉上眼睛享受片刻的喜悅，直到樂聲再度響起。這個階段可能在凌晨兩點或五點結束，也可能到早上八點才結束，我們只盼望結束後至少能小睡一下，再展開一天的工作。連續兩天、甚至三天不睡覺真的很難受。

所以，面對這些狗屁倒灶的事，我們的底線究竟在哪裡？我們苦不堪言、永遠來者不拒絕，一個禮拜中有一百個小時得披掛上陣。一個禮拜一共只有一百六十八個小時，工作一百個小時代表我們得一個禮拜工作七天。搭公司車回家、早上淋浴、上床前尋找失落的自我大概要花掉二十個小時，貧乏的社交活動約占十五小時，如此一來，睡眠時間只剩三十三個小時，意思是我們一天平均睡四個半小時。睡眠時間這麼少，顯然會有兩個問題：我們有生產力嗎？我們難道不覺得累？

答案很簡單，照理說我們不該有生產力，但是我們有；而且沒錯，我們老是覺得累。投資銀行都很厲害，帝傑也不例外，它知道如何從我們小小的身體裡榨出每一滴生產力。投資銀行是完美的二十四小時工作的環境，帝傑的燈光和空調系統和拉斯維加斯賭場的一樣：燈光明亮，空氣清新、乾燥，即使凌晨五點鐘也感覺像大白天。我們一離開投資銀行，踏入外面的世界，整個人就會垮掉，可是我們在裡面就像築水壩的小海狸一樣有生產力。我們像在籠子裡慌慌張張跑來跑去的實驗室老鼠，因為緊張而精神飽滿。我們彷彿置身賭場，付出很多，也期待有很多回收。

帝傑替我們施打大量的金錢麻藥，減輕疲勞轟炸帶來的痛苦。這一點帝傑和其他公司不太一樣，帝傑不會對我們的開銷斤斤計較，他們知道如何刺激我們的食慾，公事飯局一定到最高級的餐廳：二十一俱樂部（21 Club）、光環（Aureole）、馬戲團餐廳（Le Cirque 2000）。我們出差的開銷不會遭受質疑。公司知道奢華生活是留住我們最好的手段。只要舉辦社交活動，公司都會端出夠多的海產料理，堵住菜鳥銀行家的嘴。

帝傑每年最重要的派對是年終晚會。帝傑開派對可不是兒戲，你不會看到紙桌巾、摺疊椅、裝塑膠杯的果汁調酒，帝傑的年終晚會是玩真的，是讓上面的人有機會慷慨解囊，讓最基層員工享受一晚紙醉金迷生活的派對。

帝傑開派對一定很有格調，而且不惜砸下重金，不過，年終派對之所以特別還有另一個原因——雖然帝傑的銀行家、股票經紀人、業務員和交易員已對各式晚餐、酒會和舞會習以為常，但是其他好幾千名帝傑員工卻只能想像自己花公司的錢過奢華生活的模樣。一年一度的年終派對就不一樣了，所有秘書、助理、接待員都能過五個小時有錢人的生活，他們有機會了解投資銀行的吸金能力，了解位居食物鏈頂層的人究竟享有多好的待遇。

第一次參加年終晚會前的幾個禮拜，資深協理告訴我們帝傑年終派對的核心精神，規矩很簡單：一、要喝到掛；二、避免吐在執行董事身上；三、要想辦法在派對結束前和一個助理上床。據了解，利用年終晚會在公司裡釣馬子不只是歷史悠久的傳統，也是人人應盡的義務。對我來說，這不只是挑戰，也是必須。因為我向來不是特別有女人緣，再加上我現在所有清醒的時間都待在辦公室裡，除了花錢招妓之外，唯有遇到好心的助理憐憫我，我才有可能一親芳澤。

帝傑的年終晚會都不在週末假期的前一天舉行，這實在不是很理想，因為隔天上班，原本就很悲慘的一天會變得更糟，不但頭痛欲裂，還會抱著馬桶乾嘔。但是掌管帝傑員工福祉的人認為避開週末前舉行派對，在某種程度上會讓我們這些人渣稍微收斂一點，可是他們想也知道，這麼做只代表菜鳥銀行家和職員到了派對隔天會完全沒有生產力，大家都和我一起蹲在廁所裡，大聲嘔出自己的五臟六腑，獻祭給馬桶神。

年終晚會當天，秘書和助理一到下班時間便會成群結隊地往女廁移動，展開大變裝，她們會換上小禮服、晚禮服或其他誘人的衣服——有潛力引發我和其他性飢渴年輕銀行家分泌出大量荷爾蒙的那種。她們打扮時噴灑的髮膠量十分驚人，此時千萬得小心火源，不然肯定後果嚴重。

帝傑的年終派對向來都在彩虹廳（Rainbow Room）舉辦。彩虹廳是紐約市地標，占了洛克菲勒廣場三十號的一整層，俯瞰曼哈頓的視野極佳。每年十二月，帝傑會包下整個彩虹廳一個晚上。晚會的日期很早就在公司內廣為流傳。如果換作其他比較正常的行業，公司一般都會排除萬難，盡可能讓所有人參加。但這裡是投資銀行，我們自有一套精密的遊戲規則。

比較單純的第一年協理那個禮拜會特別努力工作，打算早一點完成預訂的工作，他們天真地以為這麼做就能增加他們參加年終派對的機會。事實上，如果所有協理都抱持相同想法，而且如果協理的工作量很平均，這個策略也許很棒，不過，總會有更聰明、更奸詐的力量在檯面下運作。

年終晚會前的最佳工作策略其實和平常沒什麼兩樣，只不過風險更高。事實上，提早完成工作根本沒有任何好處，原因有二：

首先，事先完成工作只會給資深銀行家更多時間要求你改東西或加東西進去，這些要求幾乎都是沒必要的，但是資深銀行家多半相信分析愈多就是愈好，大量的分析讓他們有安全感，這些人經年累月下來已經失去判斷什麼才是真正必要分析的能力。他們不花十五分鐘，根據經驗來判斷要做什麼分析才能拿到案子，他們的直覺反應是要求分析師分析所有可能相關的資料。在期限未到前呈交工作通常只會導致資深銀行家自我懷疑，結果必然是得做更多沒必要的分析、跑更多趟文書處理部。

不要太早完成工作的第二個原因是分派工作程序的不按牌理出牌，沒有人負責監督協理的工作量是否平均。執行董事要找協理辦案時，會看誰有辦法承擔更多工作，協理在過去四天當中有兩天沒睡並不重要，重要的是大家接下來幾天手上有多少事情要做。所以，過早完成工作很可能只會帶來更多工作，這又是狡猾的第二十二條軍規。

基於上述原因，保持合理工作量的唯一方法是把每一件工作推到最後一秒鐘再完成。碰到資深銀行家找人，唯一的防衛手段是講出好幾個得馬上完成的案子，這樣一來就不會接到更多新工作。壞處是永遠處於緊張狀態實在教人精疲力竭。

第一場年終派對即將來臨，有些協理卻還沒悟出這個道理，這些不幸的人依然認為及時完成工作是負責任的表現，他們以為先把事情做完，就一定能參加這場年終盛宴。我們紛紛出發參加宴會時，就是這些可憐的傢伙留在辦公室裡工作，而我們這些躲在最後一秒截止期限擋箭牌後的人便能參加期待已久的晚宴。

楚普和我一起出發參加派對，我們臨走前把頭探進辦公室對留在裡面的人說：「真慘，好可惜你們不能參加。」其實我們的心裡在偷笑，因為他們的悲慘是我們的小小勝利。工作分派是一方得利、另一方必有損失的遊戲，如果不犧牲一些同伴，我們的神智不可能維持正常。

帝傑的年終派對是協理和分析師的天下，我們是居中之人，只有我們從上到下都認識。資深銀行家住在自己的世界裡，他們只和其他銀行家、資本市場部的人、公司主管打交道，執行董事向我們發號施令，期待我們把事情做好，自己卻幾乎好幾年不曾執行交易。如果沒有給他們地圖，他們根本不知道文書處理部或影印中心要怎麼走。其他職員也不認識那些執行董事，他們也許聽過名字，或許知道長相或名聲，但他們從來沒機會和執行董事直接接觸，他們只知道那些人賺很多錢，也知道他們把我們這些夾在中間的人搞得很慘。

只有資淺銀行家左右逢源。我們認識所有人：資深銀行家、資本市場部的人、助理、秘書、影印中心的傢伙、文書處理部的演員同志、郵務室員工。我和楚普在等電梯上彩虹廳時就可以明顯看到這個現象，這便是典型的種姓制度，唯一差別是我們不在印度。

資深銀行家聚在一起小聲談話，文書處理部的男職員在一旁聊天聊得很開心，影印中心的人有一半在饒舌，另一半在鬼鬼祟祟偷看盛裝打扮的秘書。楚普和我在中間指揮，我們應對得體。和執行董事閒話家常？小意思。和影印中心的人嘻哈一下？沒問題。我們是八面玲瓏，內心洋溢著耶誕光輝。

電梯終於抵達彩虹廳，派對已經進行得如火如荼。我們一走出電梯，穿燕尾服的侍者便捧著擺滿香檳的托盤迎接我們，楚普和我各拿了兩杯，一口氣喝完，開始觀察現場。

晚會分成幾個不同的廳，各有不同的特質。每個廳都有好幾個吧台，吧台上擺滿了好酒，自助餐檯有各式各樣的山珍海味、甜點水果。最裡面是大宴會廳，有挑高五十英尺的天花板，現場有管絃樂團演奏爵士樂，大部分執行董事和高級主管都聚集在這裡。大宴會廳旁邊的另一個廳和整個建築物等長，裡面擺了好多小雞尾酒桌和卡座，感覺比較隱密，希望能幫助我在夜晚結束前把到幾個熱情的馬子。

不過，協理的主要活動區域是大宴會廳正對面的另一個宴會廳，無論地理位置或氣氛都和大宴會廳大相逕庭。這裡聚集了分析師、協理、秘書和助理，沒有樂團演奏，而是ＤＪ在播放電子舞曲。沒有人小聲討論公事，大家都在比賽灌酒和配對的速度。宴會廳一側設了一大排自助餐檯，緊臨一個大舞池，這種擺法實在很方便，讓我們能一邊證明自己跳舞的能力，一邊從餐檯上抓烤牛肉片，扭腰擺臀滿場舞動。

我們剛到的時候，還沒有很多人開始跳舞。菜鳥銀行家、助理、秘書都先努力把自己灌醉，好把接下來在舞池裡的表現歸咎於酒精。這方法我很拿手，我平常獵豔也常用這一套，只不過有一點小問題：酒吧前大排長龍。還好我深知如何在逆境中喝下最多酒精，所以人多並不是無法克服的障礙。終於輪到我點酒，我便一口氣點了四杯調酒和好幾瓶啤酒，調酒師不知道全部都是我自己要喝的。如果喝醉的代價是吞下冰塊都融化的溫酒，那也只能接受。

我無禮而自私的行徑成了其他人的典範。我開疆闢土、後人起而效尤。不久後，大廳裡紛紛出現端著兩、三人份酒精飲料，帶著微笑離開酒吧的人。我覺得很溫暖，知道自己貢獻了小小的力量，成為眾人表率，我幫助了那些最需要酒精的人。這一晚有很好的開始。

隨著人們持續灌下大量酒精，舞池裡的人也愈來愈多，接下來的奇觀證明了世上如果有錢買不到的東西，那就是韻律感了。一大群醉醺醺的銀行家在舞池裡搖來晃去，實在愚蠢到了極點，一直到今天，我仍祈求上蒼不要讓文明世界的人們看到這個畫面。

只有少數執行董事和資深銀行家會目睹上述景象，因為大部分資深銀行家都知道自己不該涉足後面的宴會廳，干擾年輕人的交友活動，不過，仍有少數人願意一試，大體而言，侵入我們地盤的執行董事之所以這麼做，完全是因為他們自己也想尋覓一些年輕之愛。據我了解，這也是年終派對的傳統，因為年終派對只有帝傑員工能參加，太太、先生、另一半都不能出席，所以色膽包天的執行董事老頭兒可以追求二十出頭的銀行助理姐兒，不用擔心東窗事發，只有帝傑的幾千名員工會知道。

至於我嘛，我除了到舞池展現過幾次舞蹈長才之外，大部分時間都待在緊臨舞池的桌子旁，灌了好幾杯溫溫的琴酒，罵了好友幾句粗話，還看到一個五十歲的執行董事和一個二十七歲的協理從兩邊包夾一個胸部很大的助理，對著她磨磨蹭蹭，這畫面實在很有趣，絕對可以當成明天八卦的好素材。

當天晚上，在某一個明顯的分界點上，我從還算能正常運作的文明社會一份子，一下子轉變成別人口中所謂的野蠻人。在生理上，也許是喝下第十一或第十二杯調酒之際，在心理上，我的解放是很自然的人類行為，而且當時看來是很適當的舉動。

我醉醺醺地坐在舞池邊的椅子上，突然感覺到最後幾杯酒進入膀胱的重量，當時我正好和兩個執行董事同桌，他們也醉得一塌糊塗，其中一個前幾個禮拜我才替他做過一筆提案，被他整得很慘。年終派對當天我將近三十歲，所以已經差不多二十五年沒包尿布了，也許經過二十五年之後，我終於對和別人一樣把尿撒在馬桶裡感到厭煩，更可能的原因是，在帝傑工作了四個月，我老早就想撒尿在把我的生活搞得像地獄的人的鞋子上。不管是什麼原因，反正我的尿意就是愈來愈重，我開始思索取代跌跌撞撞走到廁所的方案。我不用擔心身旁的執行董事，他們怎樣也想不到坐在身邊的協理居然在桌子底下撒尿，他們要特別留意才會起疑心，而且白色的亞麻布桌巾幾乎披垂及地，可以作為我叛逆行為的最佳掩護，再加上，我剛喝完一瓶啤酒，正好可以接住我的「黃金液體」，真是天時地利又人和。我挨近桌子，把空瓶子放到下面，用桌巾蓋住大腿，開始放鬆……。

剛開始的前五秒鐘實在太舒暢。除了生理上的輕鬆，我也為自己作出這種完全不符合銀行家身分的行為感到驕傲，將來有一天，我可以告訴孩子爸爸職業生涯中這個重要的一刻，而且，他們也會覺得擁有我這個父親實在很光榮。酒瓶愈來愈溫暖、也愈來愈重，我發現我的計劃應該再周密一點，由重量來估計，酒瓶大概只剩二盎司的容量，問題是我身體裡大概還有十二盎司的黃金液體，而且我完全沒有關掉水龍頭的力氣。我讓酒瓶掉落地面，不受阻礙地繼續解放，我尿在彩虹廳的地板、執行董事的鞋上，如果我身旁的執行董事當天晚上回家後檢查一下皮鞋，就會發現特殊的斑點花紋散佈在他們閃閃發亮的皮鞋上，這是我個人的一點小小心意。

發生這些事之餘，我仍然沒有忘記當晚的目標：追求免費的愛情。事實上，我整晚一邊坐在那裡喝酒，一邊也和幾個可能的人選聊過天，可是沒有一個開花結果。此時楚普從我身旁走過，我攔下他。

「怎麼樣啊，小楚？」

「沒什麼特別的。」

「我沒救了，我剛才在桌子底下尿尿。」

「什麼？」

「我在桌子底下尿尿。」

「那你還坐在那裡幹嘛？移開你的懶屁股！你這隻骯髒的豬。」

「你說得沒錯。」

「你打算怎麼樣？派對大概還剩一個小時，問題是我們現在要繼續待在這裡碰運氣，還是到其他一定有的地方。」

「什麼叫一定有的地方？你是說脫衣舞俱樂部？」

「對啊，不然咧？」

就在那一刻，楚普和我應該要明白我們陷得有多深，我們想看女人屁股想到就要離開完全免費的、最高級的派對，裡面還有一大堆熱情如火的妞，只為了可以蹲在下流的色情俱樂部裡，付錢給一群扭來扭去的女人，讓我們撫摸她們的身體，有些人也許認為色狼是天生而非後天造成，這點我不同意。這個工作讓我們背離本性，逼我們發瘋。我們的生活裡全是工作，一個禮拜得工作一百個小時，代表絕大多數的禮拜五、禮拜六和禮拜天晚上，你都可以看到我們坐在辦公室裡。我們週末沒時間和女孩子約會、交往，我們偶爾有時間，就想要充分利用。唯一保證「一定有」的方法是不停丟錢出去。意思是年終派對那天晚上，我們不可能浪費時間在一半的可能性上，想辦法釣個助理和我們回家，我們知道自己可以去看偷窺秀，只要花一些錢，就一定能看到女人的胴體，對我們來說，兩者之間根本沒得比。

楚普和我開始思考。有兩個方案可以選，我們可以到平常去的比較高級的地方，像是得分（Scores）、十位數（Tens）或貴賓室（VIP Lounge），也可以墮落一點、冒個險，到肉販集散區（meatpacking district）的地窖（Vault）。地窖提供各種稀奇古怪的性虐待服務，是愛好此道人士的天堂。

我們決定折衷，到和諧劇院（Harmony Theater），那裡比脫衣舞俱樂部低級，但比地窖那種地方好一點，很像鬼把戲加偷窺樂園（Peepland），只要花一塊錢就可以摸一把。楚普和我一到那裡就分頭去找各自心目中的完美對象，我一度看到脫衣舞孃坐在楚普的大腿上跳舞，把他的愛馬仕領帶當成大牙線一樣在兩腿間磨擦。後來楚普告訴我，他把錢用光之後，還拿領帶去換了一輪豔舞。楚普和我一點也不孤單，大約過了一個小時，肥肥、滑頭和大隻都走進來了，他們八成也不想碰運氣。

年終晚會那天晚上對我唯一的影響，是發現我們的生活有多可悲，可是楚普卻受到相當大的衝擊。隔天早上我帶著嚴重的宿醉，開心地走進楚普的辦公室，想和他重溫昨晚的低級趣事。出現在我面前的，卻是洗心革面的彼得．楚普。

「小楚，昨天晚上真是太棒了！我們改天一定要再去一次和諧劇院，我喜歡和你一起泡馬子。」

「我不知道耶，我覺得不太好。」

「你覺得不太好？你他媽的什麼意思？」

「是瑪裘莉。昨天晚上讓我有罪惡感，你不要跟別人講。」

瑪裘莉是那個芝加哥女孩，楚普正和她交往，他們認識一年了，感情還蠻穩定。她知道他工作很辛苦，他也因為不得已放過她鴿子，但是她在芝加哥，不清楚他的工作時間究竟長到什麼地步，這是好事。我知道楚普喜歡她，但這從來沒防礙過我們放浪形骸，從楚普的眼神裡，我可以感覺到我的好友即將要脫離單身漢的生活了，我很擔心。他是我的好同事、好伙伴，他已經開始有良心了，真令人憂心。

十三、草擬公開說明書

我有時覺得美國今天最大的兩個問題是：量入為出（making ends meet）和結束會議（making meetings end）。

——美國知名喜劇作家　羅伯・歐本（Robert Orben）

洛夫和我知道開會是銀行家生活中很重要的一部分，可是我們絕對想像不到會議可以變得多荒謬。銀行家開會就像伊波拉（Ebola）病毒，一開始很小，卻成長得很快，而且直到它消滅周遭所有東西之前都不會停止成長。洛夫和我覺得我們開會好像在打籃球鬥牛，而且每一隊都有二十五人。我們一直想不通為什麼銀行家開會開到最後總會失控，不過我們猜想這應該和新一代銀行家成長的環境有關。

從前的銀行家很像毒販，他們告訴潛在買家：「我的貨最棒，你一定喜歡。」客戶心想：「這人看起來人模人樣，講起話來頭頭是道，他的東西一定不錯。」他們向他買了一些，帶回家吸一下，或是放到投資組合裡，然後開始靜靜等待。結果什麼事也沒發生，他們沒有得到快感，沒有變有錢，有時還會頭痛，最不幸的是買到害死自己的劣質毒品。這就是自然法則。

一九二九年股市大崩盤前，銀行家都在販賣各式各樣的劣質毒品，他們把那些垃圾稱為「證券」。銀行家把麵粉分裝成小袋，告訴顧客那是高級的古柯鹼，顧客不在乎，因為他們根本不去吸，所以不知道裡頭究竟是什麼，況且一定有比他們更笨的人願意付更多錢買下他們的麵粉。然而有一天，其中一個人突然心血來潮，拿出來吸了一下，發現那玩意兒根本是垃圾，不是古柯鹼。他賣掉他的麵粉，並把他的新發現告訴兩個朋友，他的朋友也打電話給經紀人賣掉他們的麵粉，再告訴兩個朋友，不久後，大家都爭相賣掉他們的麵粉，再也沒有人想買了，股市開始崩盤，遊戲也玩完了。

發生這次醜聞之後，聯邦政府決心管好這些隨心所欲的銀行家，還有那些惡名昭彰、販賣黑心毒品給無辜社會大眾的業務員。為了達到這個目標，羅斯福總統團隊以一九三三年證券法（Securities Act of 1933）以及一九三四年證券交易法（Securities Exchange Act of 1934）之名，強行通過改革法案，這些法案的其中一個功效是創立了證券管理委員會，簡稱證管會，負責監督、管理在美國境內發行的證券。

證管會是正宗的官僚機構，它的宗旨是絕不批准任何新發行的證券，它唯一「批准」的形式是「未能不批准」，換句話說，公司和公司雇用的投資銀行要發行新證券時，證管會不保證這筆交易沒問題，他們只申明：「我們沒說這筆交易有問題。」這種雙重否定法向來是男人做錯事後用來矇騙女友的手法。

證管會要求證券發行商每一次意圖向投資人推銷新證券前，都要向證管會申報，申報內容包括發行證券公司的詳細資訊與證券的性質。這些資料通常必須向投資大眾公開，登記的格式可分為S-1、S-3、S-4……，申報方式則依證券種類而有所不同。重點是，這是法律規定，所以銀行家別無選擇，他們要到外面推銷證券、賺取手續費前一定得先備齊文件。他們再也不能光憑口頭告訴買家他們的證券最棒、那間公司一定很有前途，他們得用白紙黑字寫下來。這點很麻煩，因為這樣一來就等於有了書面證據，一旦出問題，買家就知道要找誰興師問罪，向誰求償。

不過，申報規定也替樂觀的銀行家製造了機會。他們心想，既然得公開申報，那他們就要用自己的方法申報——製作成印有彩色圖片的行銷手冊，向大眾宣傳他們即將發行的證券是畢生難逢的投資良機。他們把申報資料印成精美小冊子，寄給所有可能的買家，買家拿到手之後，銀行家便帶著最能言善道、最俊俏、最端得上檯面的公司主管，一起到各大潛在買家面前表演，這就叫做「巡迴說明會」，很像巡迴賣藥團，不過銀行家不是自己開賣藥卡車，而是和公司的管理團隊一起搭乘私人飛機出遊。他們入住頂級飯店，在高級餐廳裡表演，讓買家一邊享用大餐，一邊聽銀行家告訴他們如果買下這間公司的證券，他們會變得多有錢。保持有錢的形象很重要，買家才相信這個團隊知道如何日進斗金、如何幫助大家致富。

巡迴說明會開始前，銀行家和公司必須製作出那本叫做「公開說明書」的推銷型錄。這個工作並不簡單，因為公開說明書一方面要向買家吹捧投資機會，一方面要保護所有人，同時還要符合證管會的規定。

很久很久以前，有人想到，如果替這些擬訂公開說明書的會議取一個聽起來很重要的名字，大家就不會發現這些會議有多浪費時間。他們決定稱其為「起草會議」，所有協理都經歷過很多起草會議，洛夫和我也不例外。

參與起草會議的人很多，大家聚在一起，花很多時間推翻彼此的意見、爭論要把什麼資訊放到說明書裡。

銀行家一定會出席。他們只想講好話，把公司講得愈好聽，就愈容易賣掉證券，證券愈容易賣掉，客戶就愈開心，這代表手續費一定能入袋。手續費很重要。

投資銀行的律師——承銷商法律顧問——也會出席。他們的任務是要確保銀行家不會把日後可能惹上麻煩的謊言放進說明書裡，他們也必須玩弄文字，以確保萬一將來說明書被當作呈堂證據，法官和陪審團都看得一頭霧水，根本搞不懂裡面在講什麼，或是想講什麼，或根本沒在講什麼。他們的手腕得很高明才行。

公司方面也會派代表出席，財務長（CFO）幾乎一定會到。公司方面負責案子的人通常是財務長，如果這筆交易對公司來說很重要，那執行長也可能出現，如果這是公司第一次向公開市場籌募資金，那麼執行長八成會選一天和大家共進午餐。另外，公司也會派比較資淺的員工出席，通常是投資人關係部門（investor relations department）的員工。這樣萬一出了問題，財務長才有人可以推責任。

公司的律師也會出席。他們的角色和承銷律師差不多，也是確保寫入公開說明書的半真半假的訊息不會害公司惹上麻煩。公司律師和承銷律師有時站在同一陣線，不過他們更常在爭論，如果出了問題，公司和承銷商都想把責任推到對方頭上，所以兩方律師到最後都會吵來吵去。

在場的還有公司的會計師。他們要秉持公正的態度提供公司相關的財務資訊，公開說明書裡包含很多公司從過去到現在的財務表現，會計師要監督這些資料是否正確。在公開說明書定案前，會計師要提供「讓人舒服的」數字，他們通常得花很多時間和公司爭論正確的數字為何，到頭來他們提供的數字通常讓上層很「舒服」，卻讓自己很不「舒服」。畢竟公司大可解雇立場不討他們歡心的會計師，意思是會計師如果還想做這間公司生意，通常就會同意公司的觀點，通常會計師都不想失去生意。

如果一方只派一名代表開會，會議也許還能順利進行。五、六個人聚在一起，不到幾天就能推敲出公開說明書的內容，問題是每一方都會派出自己的小型軍團，準備作戰。

律師團包含合夥律師、執業律師和法務助理。合夥律師負責爭論，執業律師負責拿鉛筆在草稿上畫來畫去，法務助理負責影印和傳真。我們這些資淺銀行家如果心情不好，只要看一下資淺律師就會好過很多。他們和我們工作時間一樣長，賺的錢卻比我們少很多，工作內容還比我們無聊。他們比我們還慘。

銀行家軍團包括執行董事、副總裁、協理，有時候也會出現分析師。銀行認為派遣大量銀行家出席起草會議能給人聲勢浩大的感覺，客戶會相信參與發行案的財務專家這麼多，案子絕不可能失敗。承銷的投資銀行通常不只一間，每一間銀行都派代表出席，不過只有主辦的銀行會派出整隊人馬，副承銷商覺得他們得到的報酬不足以支付完整的卡司，因此副承銷商可能只派一個協理出席，不過通常至少會派出兩到三個銀行家。

每一間承銷的銀行至少要派一位銀行家出席，原因有二：首先，承銷商要確定公開說明書封面銀行的名字沒有印錯，這是協理最關心的事。資淺銀行家最重要的任務便是確定公開說明書封面的公司名字有拼對、印對，封面和內頁的顏色鮮明，都沒有出錯；另外，每一間副承銷商至少得派一個銀行家參與起草會議，是為了防止其他承銷商突然決定要踢掉那個副承銷商。不派代表參加起草會議，比讓飢餓的鼬鼠溜進天體營的熱水池裡還危險。

起草會議第一天，各方人馬都聚集在公司律師的辦公室裡。公司律師負責管理所有文件，大家聚在中間放了一張大桌子的會議室裡，通常一共有二十到三十人，所有人都站在那裡喝咖啡、調適心情，開始向客戶計費。

第一天，協理的任務是找出其他投資銀行的協理。我們向他們自我介紹，趁機打量對方，就像兩隻在公園碰到、互聞對方屁股決定對方是不是對手的狗。協理有兩種：狀況內和狀況外的。只要看著另一個協理的眼睛，你就可以馬上辨認出他們是屬於哪一種協理。狀況內的協理了解遊戲規則，他們知道協理應該唯命是從，卑躬屈膝，角色和藝妓差不多。狀況內的人是我們的盟友，在整個交易過程中，我們都能互相體會對方的苦。狀況外的人則以為自己很重要、很有手腕，以為自己主導一切。其實他們只是卑賤的奴僕，他們搞不清楚自己根本是稚嫩的新手。這些人把萬寶龍鋼筆插在胸前口袋，好讓每個人看到；他們提嶄新的名牌公事包，腳踩發亮的皮鞋，和會議室每一個人握手打招呼。我們都替他們覺得丟臉，這種人非得好好教訓一番不可，如果有機會的話，最好是殲滅掉。他們是敵人。

公司律師通常會先草擬一份公開說明書，替第一天開會作準備。草稿可以作為參考，雖然比從一張白紙開始容易，但這份草稿真的很草，就像摸上去感覺像砂紙一樣的劣級衛生紙。草稿通常只包含公司簡介，後面加幾張列出章節標題的分隔紙，這份草稿要花掉公司好幾千美元，到最後成品出來時，已經面目全非。

銀行家寫公開說明書不會考慮到所謂的著作權，智慧財產權和一般人奉行的規範在這裡並不適用，也許是因為智慧財產權法只適用於值得剽竊的文章，而公開說明書裡不會出現任何值得抄襲的文句。銀行家是出了名的想像力貧乏，所以要他們寫出別開生面的文句實在強人所難，況且，即使銀行家寫出任何比較有趣的東西，一定也會被緊張兮兮的律師給淡化掉。所以這裡不會出現頂級牛肋排，而是垃圾進，垃圾出。

傳統和法律決定了公開說明書包含哪些內容。不同性質的交易可能會有些微不同，不過有幾個部分是公開說明書裡一定會有的，下面就要為大家介紹這些部分，希望對那些明知不智還決定坐下來讀公開說明書的人有所幫助。

公開說明書摘要

「公開說明書摘要」永遠擺在最前面。這是製作團隊花百分之七十五的時間在寫的東西，通常也是投資人唯一會看的部分。這部分會用兩、三頁告訴讀者所有的關鍵資訊——為何發行證券的公司是該行業最成功的公司、為何該公司不可小覷，他們將如何取得該行業、該國家，進而全世界的主導地位，所以投資這間公司就等於擁有全球市場占有率第一名公司的部份所有權。這裡的鬼話通常也是最多的。

照理說大部分公司的表現應該都差不多，每一行只有少數表現特別突出的公司，這個原則違背我們要把每一間發行證券的公司描述成業界領導公司的目標，所以我們不太可能提供證據來支持這個說法。因此，公開說明書摘要這部分通常得混淆讀者的視聽，製作公開說明書的人相信，只要堆砌夠多無意義的文字，就可以讓讀者感到錯亂，不會發現這間公司其實很平凡。

風險因素

「風險因素」是律師的最愛，這裡提出公司所有可能出錯的地方。很多年前，銀行家、律師和公司花很多時間爭辯這裡要放入什麼資訊，銀行家和公司不想寫太多，因為他們認為這樣會嚇到投資人，導致人們不敢投資。可是律師自己也很害怕，他們只想保護自己。爭吵愈演愈烈，直到有一天，傳說中一位聰明的年輕律師想出很神奇的策略：如果放一大堆不相干的資訊進去，就能讓讀公開說明書的人覺得很挫折，乾脆放棄、根本懶得去看這部分，不然至少也很有可能忽略真正重要的地方。這個策略實在太天才了。今天，公開說明書裡也許有一、兩個風險因素是真正重要的，其餘都是裝飾品，可是這些不相干的裝飾品實在太多，導致重要的風險因素往往遭到忽略。想出這個策略的律師已經名垂千古，但是公開說明書的形式卻留存下來。

所得款項用途

很少人會仔細看這個部分，但是這裡很重要，仔細讀一下，你就能了解募得的資金都會用到哪裡。如果不是用來幫助公司成長，而是進入老闆或管理團隊的口袋裡，那最好離這家公司遠一點，如果老闆把錢拿出去，你沒有理由把錢投進去。

財務概況

這部分是內行人心目中所謂「以創意手法呈現公司財務狀況」的部分。在這裡，銀行家和會計師會盡其所能地找出讓公司看起來像賺錢機器的方法，如果公司的現金流量很充沛，但沒有任何利潤，你就會看到現金流量那部分的字體特別粗大。如果公司沒有現金流量也沒有利潤，但是成長得像雜草一樣快，那你一定會看到強調每年營收、事業單位或員工成長速度的粗體字，唯一連最才華洋溢的銀行家和會計師都覺得棘手的是碰到完全沒有營收的公司，即使魔術大師胡迪尼(Houdini)也無法遮掩收入等於零所創造的空白，假使遇到這種情形，公司就可以去和紐約地鐵的職業乞丐稱兄道弟，一起乞討：「求求你，我現在就需要錢，我發誓不會把錢拿去吸毒，只拿去買湯和三明治。」

管理團隊對財務狀況及營運結果之檢討分析（MD&A）

這裡是製造夢想、將錯誤合理化的地方，雖然「財務概況」裡的圖表可以經過編造、包裝，呈現出最美好的一面，但盡責的商人還是需要站在肥皂箱上爭取選票，這就是「財務狀況及營運結果之檢討分析」的功用。在這裡，管理團隊有機會爭功諉過、拚命解釋。營收掉了百分之二十，原因是這樣的；開銷多到失控？也是有原因的，看這裡就知道。

營運概況

這部分完全在複製「公開說明書摘要」，只不過多了兩倍無意義的形容詞和更折磨人的細節，彷彿摘要那裡還不夠無趣，一定要用「營運概況」煩死你。

管理團隊

這部分是介紹管理團隊和董事會成員。每個經理人和董事會成員通常只能分到兩、三句，要用這麼短的篇幅讓每一個人看起來很重要，非得極盡吹捧之能事不可。在這裡，讀者也有機會分析董事會成員的血緣有多相近。如果想分析董事會成員有沒有可能淘空公司資產，你可以畫一個表格，填上所有董事的名字，只要看到兩個董事於公或於私有關聯，就用一條線把他們的名字連起來，如果你剛好知道兩個董事之間有其他特殊關係，例如某個董事的太太是另一個董事的女兒，或者他們唸大學時是好朋友，那也可以把他們的名字連起來。如果到最後表格看起來像蜘蛛網，那就最好看緊你的荷包。

主要股東與股權移轉變動情形

這裡主要在告訴你哪些人是公司的大股東，如果是發行股票，還會告訴你有沒有股東在賣股票。如果股東不多，每一個都擁有公司的大多數股權，那就是好事，因為如果股價狂跌，他們會和小股東一樣生氣。有一群人在恐懼、挫折和貪婪的驅使下，把你的投資價值變到最大，總是好事一樁。

如果大股東在發行時變賣他們的股票，那你最好不要碰。如果遇到機構投資人問我們為什麼公司內部的人在發行時拋售股票，我們會隨便給幾個答案：

「是資產流動的問題。」

「遺產規劃，沒別的原因。」

「分散風險，他們不想把雞蛋放在同一個籃子裡。」

大致說來，如果最了解公司的人在賣股票，別把你的錢放進去會比較保險。

承銷

這裡在說明哪些銀行或證券公司負責承銷的一部分，再分銷給投資機構。相對而言較少數的承銷投資銀行（主要承銷商），會把整筆交易賣給較多數的證券經紀商（承銷團），再賣給法人機構或個人。主要承銷商的利潤比承銷團多，但是沒魚蝦也好。承銷團向來很博愛，幾乎每一個人都可以加入。投資銀行雖然極力爭取主辦承銷權，但是銀行間向來有不成文的規矩——沒拿到主辦權的銀行在分銷時一定會成為承銷團的一份子。加入承銷團是公開發行世界一定會拿到的安慰獎。

財務報表

如果說，公開說明書裡有真材實料的地方，那麼就是在這裡了，應該放到最前面才對，問題是這裡沒有揮灑創意的空間，因為要公開哪些財務報表是依據一套明確且獨立的會計原則，銀行家沒有決定權，有決定權的是懦弱又愛計較的會計師。事實上，不是不能作決定讓銀行家受不了，而是因為作決定的人是會計師，如果是財務長這種大人物負責作決定就算了，可是卻是該死的會計師。這可以算是會計師的復仇，真理和正義終能獲得伸張。

財務報表是唯一沒有摻假的部分，可以當成決定是否投資的標準。看公開說明書應該要像看中文報紙一樣，由後往前看。

製作公開說明書可能要花五到十個工作天，一共二十到三十人，這相當於一百到三百個工作天、大約一年的工作量，花這麼多時間只為了製作一本幾乎沒人看的說明書。如果把隨便一年裡所有製作公開說明書的時間加總起來，應該可以研發出治癒癌症的方法，不過報酬不會有寫公開說明書那麼多就是了。

協理在起草會議裡的責任多寡要視負責案子的資深銀行家是誰而定。有些資深銀行家不希望我們做任何事，只要求我們安靜地坐在那裡，我們的功能只是充場面，只要沒有睡著或尿溼褲子就算是克盡己職；有些資深銀行家相形之下給協理比較多責任，他們站起身來宣布：「我要出去打幾通電話，我不在時由我的協理主持會議。」意思是大家如果花超過十分鐘爭吵一個句子該怎麼寫，我們就要大聲宣布：「好啦，大家繼續吧。」這是很重要的技能。

文件成形之後，協理的另一個責任是要確定它符合銀行的制式規格。每一間投資銀行都有一本規格手冊，裡頭詳細列出公開說明書必須遵守的格式：何處要用多大字體、標題要放哪裡、財務報表的底線要加在哪裡。這是很重要的責任，在製作公開說明書的會議裡檢查格式完全是洛夫和我當初心目中投資銀行家要做的工作——極具挑戰性，我們決心成為華頓和哈佛培育出來的最頂尖的公開說明書格式監督人。

起草會議實在很無聊，漫長、痛苦、無聊到可怕。其中最困難的部分通常是在評估喝幾杯咖啡才能保持清醒，但又不能上太多次廁所之間找出平衡。只有用餐時間才能讓我們從難以忍受的單調中暫時獲得解脫。有一次，我問洛夫他有沒有喜歡過任何一次起草會議，他想了很久、想得很用力，想到我開始擔心他的腦袋會不會爆掉。經過深思之後，他給我的答案是沒有，他從來沒有喜歡過。

洛夫和我在達拉斯、洛杉磯、華府、蒙特婁、紐約都開過起草會議，我們可以在夏威夷茂宜島的海灘開會，或坐熱汽球在亞馬遜叢林上空開會，依然不會有任何差別，都不會讓我們留下深刻的印象。

協理不知道起草會議要拖幾個禮拜才能結束，每一次開完會，大家便訂出下一次開會的時間。協理都知道起草會議很像化療，沒人能保證這些會開完後交易一定能成功，但是沒有開這些會，就根本不可能成功。每一次開會都是邪惡又痛苦的必要過程，每一次開完會，協理都渴望看到這個過程就要結束的跡象，他的夢想有朝一日終究能實現。

決定會議何時結束的人是資深銀行家。這個決定並不客觀，並不是大家打好所有句點，互看一下，接著高呼：「老天爺啊，我們完成了！」這是很主觀的決定，領頭的銀行家有一種以人類天性和律師想拿到最多鐘點費的本能為基礎，經由多年經驗所培養出來的生理時鐘。他評估每一次會議的進展，當會議的每小時生產力低於最低門檻時，銀行家便扣下扳機，決定大家不能再浪費時間了，再繼續下去真的很扯。領頭的銀行家決定推大家一把，把大家推去不容打混的地方，他宣布：「可以送印了。」

十四、按下按鈕

這是謎中之謎。

——邱吉爾

菜鳥銀行家剛進投資銀行時，就聽說過送印這件事，但是一直到他們有機會親自去一趟之前，這件事都是投資銀行界最大的謎團。他們不知道在印刷廠究竟發生什麼事，也不知道自己在印刷廠究竟要做什麼，他們只知道去印刷廠很重要，真的很重要，重要到他們得暫時放下手邊所有工作，如果副總裁或執行董事打電話給他們說：「你明天要和我去提案。」他們可以告訴他：「去你的，我要去印刷廠！」印刷廠永遠優先，即使資深銀行家的電話也比不上。

去印刷廠這件事是投資銀行典型的集體混亂。沒去過印刷廠的年輕銀行家不知道在那裡究竟要做什麼，他們期待了解內情的協理能給一些指引，問題是去過那裡的協理都記不得自己在那裡究竟做了什麼，所以也沒辦法給沒去過的協理任何實質的建議。大家都一頭霧水，但沒有人希望自己看起來像白痴，沒有人願意承認他們的無知，這便是愚蠢的惡性循環。

剛進帝傑時，有一天下午我攔下楚普。我想知道印刷廠究竟是怎麼一回事，他以前在投資銀行待過，一定去過印刷廠，他應該知道答案。

「小楚，我有問題要問你。」

「什麼事？」

「印刷廠。我要知道關於印刷廠的事，大家都去那裡，他們到底在那裡做什麼？」

楚普安靜了一分鐘：「你知道的啊，去印刷廠印公開說明書，為什麼要問？」

「因為大家都在說印刷廠印刷廠的，我想知道那裡會發生什麼事。你說在那裡印公開說明書是什麼意思？為什麼律師不在他們的辦公室印好，然後我們再叫影印中心的人印？」

「因為公開說明書要印得很精美，要請專業的人印，你知道的，公開說明書要印在那種很像衛生紙的薄紙上，這樣投資人至少還可以拿來擦屁股，因為根本不會有人看。而且封面要加很光滑的彩色圖片，影印中心不會印光滑的紙，你也知道他們的彩色影印看起來多廉價。公開說明書很重要，廉價的彩色影印哪賣得出交易？」

「好吧，我懂你的意思。但是我們在那裡到底要做什麼？我是指銀行家要做什麼？我們到印刷廠穿上圍裙、轉動一個大鐵柄，幫忙印公開說明書嗎？我不懂，我們要像古時候的中國人一樣用鉛字排版嗎？我們要幫忙放到印刷機上嗎？為什麼我們一定得去？」

「銀行家不用印東西。銀行家到那裡之後，坐在那裡寫他們在律師辦公室就應該寫好的草稿，弄好以後就開始打彈子、喝啤酒，檢查修改過的草稿。你在那裡做的事和在起草會議做的事一樣，差別在於印刷廠有免費的啤酒、食物、撞球、第四台和任天堂。」

「這些東西為什麼是免費的？」我問小楚。

「不是真的免費，是發行的公司付錢。你看一下公開說明書的封面就知道，那邊寫『……本次發行相關費用估計為一百五十萬美元，由本公司支付』。那一百五十萬美元絕大多數是用來支付印刷費、起草會議、差旅費用，還有我們打的長途電話、喝的啤酒、點的壽司，還有我們的文書處理費用、公開說明書封面和封面內頁的彩色影印，以及用來支付像衛生紙的那種紙，還有我們印了三萬本，其實只需要一萬本的公開說明書。」

「這就是過量。我們一定要點太多食物、喝太多啤酒、印太多公開說明書。大部分剩下的公開說明書到最後都堆在我們辦公室的地板和公司的財務長辦公室的地板上。財務長看到這個害他得胃潰瘍的債券發行案的公開說明書多了一萬本堆在他那裡，會覺得很開心，因為他們連利息都付不出來，這可以時時提醒財務長他的操作手法過度槓桿（over-leverage）。」

「我還是不懂，如果只是在印刷廠寫公開說書書，那為什麼不在律師辦公室開會的時候弄好？」

楚普用一副「你真是他媽的白痴」的表情看著我，說：「你覺得呢？你有在律師辦公室裡喝過啤酒、打過彈子？沒有吧。所以才要到印刷廠去，這樣才能喝啤酒、打彈子。別來煩我了。」

小楚只說對了一半。三十年前，銀行家進印刷廠是有道理的，當時的印製工作的確在印刷廠進行，銀行家必須靠圍裙沾染墨水漬、站在印刷機前印東西的人很近，好應付臨時的改變。不過，現在都是電腦化作業，你看不到沾墨水的圍裙，也看不到印刷機。印刷廠的人打著領帶坐在電腦螢幕前，等公開說明說準備好送印時，他們便按下一個按鈕，某間位於賓州中部或其他地方的印刷工廠就開始吐出印好的公開說明書。

所以菜鳥銀行家為何還要去印刷廠？因為傳統。因為印製公開說明書是重要的里程碑，象徵協理在這六個月裡，除了空口說白話之外真的有在做事。到印刷廠具有象徵意義，代表協理就快要製作出世人看得到、摸得到的具體東西，協理也許花了好幾個月拚了老命在執行這個案子，但是除了專案小組成員外，沒有人知道他到底在做什麼，他們只知道這三個月裡，協理都消失在一個臭臭的黑洞中，別人搞不好還以為他在那個洞裡生小羊。親朋好友都無法理解他們家的小強尼怎麼老是在工作。

到頭來，除了公開說明書之外，沒有實質的東西可以證明無數個不眠的夜晚和辛苦工作好幾個月的成果。公開說明書通常很難看，沒有人會從頭看到尾，但是公開說明書和壓克力紀念牌是協理辦完案子後可以拿給別人看的東西，銀行家不像蓋房子或製造小玩具的人，公開說明書和紀念牌是協理的碑石，就像摩西的十誡石板一樣，它們是證據，如果沒有這些證據，連協理都會開始懷疑他經歷的痛苦只是噩夢一場。

執行董事幾乎不去印刷廠，基本上，在印刷廠出現的最高階銀行家通常是副總裁。副總裁會一大早大家剛到印刷廠時出現，花幾個小時熱情地和律師及財務長打招呼，吃甜甜圈、喝點果汁，接著就離開。他們臨走前會告訴協理：「你自己去判斷。」講完便開始大笑，因為他們知道協理已經喪失獨力判斷的能力。

協理因此有了假裝自己獨當一面的短暫機會，他們以為在那神奇的一天裡，他們再也不是奴隸，而是可以指揮別人的重要人物。對大部份協理來說，這種美好的感覺僅次於到三溫暖享受免費的全套馬殺雞。所有擔任過協理的資深銀行家都記得第一次到印刷廠的經驗，那種擁有權力的飄飄然感覺、第一次大聲向禿頭律師發號施令時那股流通全身的力量，還有對印刷廠客服部的人說：「自助餐的通心麵涼掉了，可以幫我換一下嗎？」那種刺激的感受。

協理開始向大家發號施令，並告訴財務長，身為承銷商，他們動員了多少投資銀行的人力執行這個案子。協理吩咐業務員打電話給客戶，要資本市場部的人找好承銷團，請巡迴說明會的工作人員安排和買家見面的場地。這些都是宣布價格前的準備工作，如果因為雜事而延誤印刷時間，拖延整個程序的話，整個案子就會成為泡影。協理告訴財務長，這就叫做「市場風險」，為了避免市場風險，協理必須監督印製的過程。財務長翻了一下白眼，決定不跟協理計較。

很不幸的，協理很快就明白自己其實只是名義上的國王，他是個笨蛋，大家只要花十五分鐘就能發現國王其實沒有穿衣服。協理知道有些任務必須完成，而且旁邊還有很貴的時鐘在滴答作響，但是他根本不知道該怎麼完成那些任務。協理發現自己很擅長按指令行事，卻不太會發號施令，協理咬咬牙，把主導權還給財務長。

財務長便指派會計師去處理關於財務的事、請律師處理公開說明書裡承銷、稅務和法律的部分，然後自己開始修改管理團隊介紹的部分。基本上財務長指派了協理以外的所有人，去做他們在起草會議裡早該完成但因為太拘泥於細節而沒能完成的工作。協理沒事可做，只能挖鼻屎或打彈子。

我第一次到印刷廠是替一間傳呼服務公司做首次公開上市的案子，這間公司宣稱它的傳呼服務比對手都來得迅速可靠。整個早上，我都坐在休息室裡看電視的益智問答秀、打撞球，後來實在太無聊了，便打電話回帝傑檢查同事有沒有在努力工作，順便讓他們知道我無事可做。他們都說我很討厭，要我滾一邊去，沒人想跟我講話。只有小楚不一樣，他忍了下來，因為他知道下一次換他到印刷廠，他也可能想把自己的快樂建築在別人的痛苦上，他知道我欠他一次人情。

「喂，小楚，我是洛夫。」

「怎麼樣？」

「我在印刷廠，一切都運作得很順利，我什麼事也不用做。」

「那裡就這樣啊。你打了幾盤彈子？」

「六、七盤。我所有談話節目都看完了，洛菲爾（Sally Jesse Raphael）、莉琪．雷克（Ricki Lake）、傑瑞．史賓格（Jerry Springer）、傑拉多（Geraldo）、珍妮．瓊斯（Jenny Jones）都看了。我已經搞不清楚哪個是哪個，其中一個在講只喜歡胖女人的男人，另一個是小孩有偷竊癖的人；傑瑞．史賓格還是老樣子，有一堆人打來打去，這次打架的人是兩個愛上同一個女人的男人，那個女人又和另一個女人上床。不過，最有趣的還是一個變性的男人和一個變性的女人結婚，現在兩個人都想變回去。天啊，我本來還以為我有問題。」

「真棒，你現在知道印刷廠究竟是怎麼一回事了。」

「我到底要不要做事，還是就這樣打混，直到說明書印出來為止？」

「你唯一要做的是檢查格式。你要確定所有財務表格的底線都加在對的地方、標題沒有弄錯；所有第二層的次標題都要加粗，用斜體字；第三層的次標題要縮排。最重要是確定封面或封底的「帝傑證券公司」（Donaldson, Lufkin & Jenrette Securities Corporation）沒有打錯，Securities 的 S 要在 Donaldson 的 d 和 s 的正下方，Corporation 最後面的 n 要在 Jenrette 前面的 J 和 e 中間。如果你只有一件事做對，那一定要是這件事。如果名字弄錯，你就可以和帝傑說掰掰了。」

「別鬧了，你少騙人。」

「我沒騙你。我有一次開起草會議，一個艾歷克斯．布朗（Alex. Brown）的協理因為公司名字打錯，出現歇斯底里的症狀。應該是艾歷克斯，後面一個句點，然後布朗，其中有一份草稿弄錯了。那個協理一直大叫『艾歷克斯句點布朗，艾歷克斯句點布朗……』，簡直像發瘋一樣，直到印刷廠的人改掉他才閉嘴。」

「好吧。我懂了，還有什麼事？」

「這些都檢查之後，你要做的另一件事是檢查藍圖。」

「藍圖？」

「就是他們按下按鈕印刷前的最後版本。」

「按按鈕？什麼意思？」

「按按鈕啊，要按一個按鈕才能開始印公開說明書。」

「按鈕在哪裡？」

「我不知道，沒有人知道。這是一個大秘密，就像〇〇七電影的壞人一定會有的引爆按鈕，只有印刷廠的頭頭知道在哪裡。」

「謝謝你的忠告。」

「隨便啦。」

「我還有一個問題，我剛才在廚房冰箱裡看到一堆啤酒，我可以喝嗎？」

「可以。不過晚餐前最好不要喝太多，吃完晚餐後，大家都累了，那時再開始喝就不會有人注意到。你不要太明目張膽，有些客戶不喜歡銀行家工作時灌太多啤酒，尤其是接近最後期限的時候。」

楚普的建議很好，我的判斷能力卻不太行。到了傍晚，我已經喝掉半打以上孤星（Lone Star）啤酒，不過這也不是沒好處，因為愛碎碎唸的公司律師已經不像稍早時讓我覺得那麼煩了。

從早到晚，專案小組的每一個成員都在拚命工作，除了我以外。我繼續喝酒，承銷商律師看到我在休息室裡拿花椰菜裝飾著名的雷明頓（Remington）雕像複製品時，把我拉到一旁。

他勸我：「少喝點，快完工了。」

十五分鐘後我還他人情。晚上九點整，承銷商律師和公司律師吵得劍拔弩張，眼看就要一觸即發。他們都站了起來，倚著桌子怒目相視。原因是什麼？他們不同意公開說明書摘要裡一個逗點的位置。我從來沒看過有人因為逗點吵架，我建議他們喝一點孤星，這樣氣氛會融洽一點。他們沒有採納我的建議。

一個小時後我晃到自助餐檯旁。菜看起來不怎麼樣，所以我打電話到彼得．路格牛排館（Peter Luger）點了一些牛排，我無法決定要丁骨還是菲力，只好各點了一份。我用更多孤星吞下牛排。我好無聊，決定打電話給楚普。

「喂，楚普，我是洛夫。」

「什麼事？」

「沒事，我還在印刷廠。」

「沒事的話我要掛了，鱷魚在一個分機像感恩節火雞一樣咯咯叫，瑪裘莉在另一線生氣，因為我這個週末要留在公司弄東西，不能去芝加哥。我本來應該和她爸媽聚聚的，這工作真的會害死人。改天再聊吧。」

晚上十點、午夜十二點、凌晨兩點過去。我想到，也許其他協理不記得在印刷廠到底做了些什麼，是因為他們實在太無聊，所以只好拚命吃東西，接著就不省人事。

我又打電話給小楚，想聽取他的意見。他還在辦公室裡。

「喂，小楚。凌晨兩點，不錯的生活嘛。鱷魚一定找到塞火雞的方法了。」

「滾蛋啦。」

楚普掛我電話，我坐進沙發，接著就不省人事。兩小時後，承銷商律師叫醒我。我的嘴巴好乾。藍圖已經準備好了，我看得很仔細，Securities 的 S 在 Donaldson 的 d 和 s 下面，Corporation 最後的 n 就在 Jenrette 的 J 和 e 中間，字體也對了。

我下令：「按按鈕。」

我的工作就此完成。

十五、出差

我剛從芝加哥飛來，手臂好酸喔。

——笑話，作者不詳

印刷廠的工作完成了，公開說明書也已付印，只剩下一件事要做：睡覺。不過，期待的睡眠不會持續太久，我們得馬上展開下一階段的工作——巡迴說明會。意思就是要出很多差。

有人告訴過我和洛夫，投資銀行家最光鮮亮麗的一面是有機會環遊世界各地。我們曾夢想飛到巴黎、羅馬，我們推銷證券、收取手續費、喝好酒、過奢華的生活。我告訴朋友我會到法國的免稅商店用折扣價幫他們買愛馬仕和費洛加蒙的領帶，我期待有朝一日能接受世界各地偉大文化的洗禮。洛夫告訴我他想負責加州的案子，因為他想去加州，如果幫傳播和娛樂集團工作，他就有機會常常到西岸出差。出差代表著自由、輕鬆和樂趣。

我們都想錯了。

出差真的很辛苦，會讓年輕銀行家到處生胃潰瘍。趕飛機、招計程車、抱一大堆沒用的文件、永遠不能托運行李的壓力，連最沉著的銀行家都會抓狂。從紐約當天來回達拉斯稀鬆平常，半夜從加州搭飛機回紐約、塞在經濟艙裡也司空見慣，如果客戶住在鳥不生蛋的地方，我們就要坐螺旋槳小飛機，租車也已經變成日常生活的一部分。

我們幫好朋友麥克・羅根斯道取了「翅膀」的外號，就是因為他常常出公差。他一年可以累積二十五萬英里美國航空公司的里程數，另外還有一堆其他航空公司的里程。他有美國航空白金卡、赫茲租車金卡，疲勞、憔悴、慘不忍睹。

出差一點也不輕鬆。語音信箱還是要檢查、在飛機上還是得工作，另外還有搭機、趕機的壓力。我們曾經聽說一個故事——在紐約甘迺迪機場一架要飛往芝加哥的班機上，一個資深的銀行家沒辦法把行李塞進座位上方的置物櫃，空服員提議幫他把行李拿去托運，到時候他再去芝加哥機場的行李轉盤領取行李。銀行家聽了之後開始大抓狂，他告訴空姐：「小姐，很抱歉，但是去妳媽的。這個該死的行李無論如何都要塞進去，我手上有一筆大案子要辦，我沒時間到行李轉盤等行李。」十分鐘後，銀行家還是沒辦法把行李塞進置物櫃，他決定在起飛前偷偷把行李放到廁所裡，這樣一來，等他們發現時就來不及拿去托運了。結果空服員發現了，請來兩個保全人員拿走他的行李，保全把行李交給行李服務員時他在一旁不停地咒罵。我說過了，出差的壓力很大。

投資銀行家常常出差。銀行家得出去提案、拜訪老客戶，起草會議期間他們得視察公司的營運，以確定這間公司真的有在營業，這叫做「實地查核」，要確定公司沒有欺騙投資大眾。

平常我們出差可能是當天來回匹茲堡，或在聖地牙哥待個兩天一夜，不過巡迴說明會又是另一種怪物了。如果銀行家平時的出差是攙水的廉價酒，那巡迴說明會就是裝在橡皮管子裡的純麥啤酒。巡迴說明會通常為期兩個禮拜，橫跨至少三個國家、十五個城市。兩個禮拜的密集出差期間，銀行家很少整個下午都待在同一個城市。有一次巡迴說明會，我在一天內去了倫敦和巴黎，艾菲爾鐵塔、羅浮宮、白金漢宮、特拉法加廣場我都看了，只不過都是坐在禮車後座看到的。真是好有文化、好令人嚮往的生活。

巡迴說明會顧名思義，就是銀行家和公司的管理團隊去外面跟投資人辦說明會。這些說明會事先排練得很完整，有導演、製作人、服裝、道具，有時還播放影片或現場產品示範。巡迴說明會很像半夜電視裡告訴你如何致富、如何掌控生活的「名人節目」。為了讓說明會更清楚易懂，我們會製作幻燈片，還要替負責介紹的公司主管寫好精心雕琢的台詞，配合著幻燈片播放。

整場說明會經過再三排演。銀行家事先向公司主管提問，以確定他們準備充分，一定要面面俱到才行。每個細節我們都要照顧。潛在客戶給我們的時間不會超過一個小時，銀行家要呈獻完美的演出。

說明會排演的同時，投資銀行的業務團隊和安排出差的專員會訂好與潛在投資人會面的時間。協理是首領，他要負責訂機位、餐廳、旅館和轎車接送；協理也是運貨馱騾，他得抱公開說明書、幻燈片和所有視聽器材。投資銀行的旅遊部會安排好一部分細節，可是萬一出了問題，那就是協理的錯，協理要負起責任。如果巡迴說明會的時間太緊湊，就要包私人飛機，這樣一來協理的壓力會小很多。然而，優秀的協理會訂好備用的飛機，以應付第一架飛機故障，每一個環節都要經過再三確認。有時協理不覺得自己在策畫向投資人推銷證券的巡迴說明會，而是太空人在計畫人類首次登陸天王星。餐點要事先計畫好，旅館、備用旅館，禮車、備用禮車都要預先訂好。

假如遇到出國，尤其是碰到海外的巡迴說明會，問題就會變得更棘手。聽不懂當地的語言實在很難做事。但這不是唯一的問題，我們還要適應不停改變的時區，應付討厭所有和美國有關事物的法國人，還有每一餐都吃香腸的德國人。早上七點半吃德國香腸實在很不習慣。

洛夫到國外出差過很多次，他沒有像他原本期待的來去加州，反而常常往來歐洲。他並不喜歡這些歐洲之旅，而且這真的不能怪他。

在帝傑工作期間，我第一次到國外出差的經驗只能算初級班，預示將來會有更可怕、更醜陋的事來臨。我的首次歐洲之旅是發行垃圾債券的巡迴說明會。一個假扮成執行董事的星際大戰帝國風暴兵打電話來，在電話裡咆哮：「洛夫，你要負責到歐洲的巡迴說明會，快給我去打包！」我好興奮，我要去歐洲了。我變成大人物，即將朝著歐洲大陸前進。我要向歐洲的大地主、大貴族推銷另類的投資產品，聽起來好性感，好像八〇年代的國際花花公子。

幻想很快就破滅。第一次出征歐洲到一半，我就發現到國外出差有多可怕，時差把我整得很慘，而且歐洲的法人機構都是B咖的，都是美國對應公司的次等備胎。我們在美國湊不夠錢才會去歐洲。我是可悲的笨蛋，要負責照顧公司的管理團隊，還要向歐洲的邊緣投資人兜售垃圾債券。這完全是替協理量身打造的任務。

歐洲的法人機構不是在倫敦就在巴黎，所以帝傑每一場巡迴說明會幾乎都會到這兩個城市。我們通常帶著管理團隊搭半夜的班機從紐約出發，這樣一大早就能抵達倫敦，坐上到機場接機的禮車。我們利用早上時間拜訪英國的資產管理人，這些牙齒需要好好整理的人花更多時間擔心他們的茶有沒有「剛剛好」，而不是聽我們推銷我們的垃圾；然後，我們搭乘下午飛往巴黎的班機，在接下來的幾小時裡，向巴黎一小群人推銷垃圾債券，相形之下，剛剛的英國人反倒成了專家。

巴黎開完會後，我們便跳上飛回紐約的班機，這樣就差不多能在離家二十四小時之後回到家，可以在有機會回家睡覺前趕上另一個八小時的工作天。到國外辦巡迴說明會就是這樣，和國內一樣糟，只不過睡眠時間更短、口臭更難聞。

不過，後來的事實證明，這場巴黎──倫敦巡迴說明會只是替大比賽暖場的小混戰。在真正的大比賽裡，我被打得落花流水。

重頭戲是替一間首次公開發行股票的公司做實地查核，那間公司叫做「全球無線資產」，帝傑是這個案子的副承銷商。此案遠看嬌巧可人，讓我好想邀它共舞，可是我愈靠近，愈發現它的可怕，我轉身想逃，我想放聲大叫，可是已經太遲了，我無法回頭，我已經有義務要和它「和」在一起。

全球無線資產公司發行的股票是「故事型」股票，意思是我們的評估完全沒有根據，價值投資之父葛蘭姆（Ben Graham）如果地下有知，一定死不瞑目。這間公司沒有任何獲利和現金流量，資產散佈世界各地，主要是無線通訊的產業，它的現金消失速度奇快無比，必須在破產之前趕快上市。

全球無線資產派出事業發展部總監負責為公司籌資的工作，他從前是高盛的銀行家，所以主導此案的當然是高盛。華寶證券（SBC Warburg）因為在歐洲具有舉足輕重的地位，所以是副承銷商之一，加拿大帝國商業銀行匯達證券（CIBC Wood Gundy）也以加拿大代表入列。接下來就是帝傑了，帝傑本來不該出現的，可是全球無線資產的高層主管擔心首次公開發行股票籌到的錢不足以幫助他們渡過危機，他們覺得萬一遇到這個情況，他們就必須發行垃圾債券，如果必須發行垃圾債券，他們就需要帝傑插一腳，好把垃圾債券塞入帝傑客戶飢餓的喉嚨裡。

全球無線資產公司的產業散居世界各地，它在加拿大、愛爾蘭、法國、奧地利、波蘭、墨西哥、巴基斯坦、香港都有投資。按慣例銀行家在承銷前必須實地看到公司的營運，才能告訴投資人這筆交易不是騙局。諷刺的是，他們可以把我們放到任何地方的任何房間裡，房裡擺滿嗶嗶作響、燈一閃一滅的金屬箱子，我們也會豎起大姆指說讚。我們什麼也不懂，就像請雷．查爾斯[1]鑑定林布蘭特（Rembrandt）的畫是不是真跡一樣。

既然公司需錢孔急，案子便進行得很快，意思是我們要用破記錄的時間完成實地查核。最後，我們決定用一個禮拜的時間視察除了巴基斯坦和香港以外的所有營業據點。情勢使然，我們不得不放棄咖哩和雜碎麵。

禮拜一，早上八點

禮拜一早上，我們在全球無線資產位於多倫多的總部會合。從紐約飛到多倫多的一小時航程、三百五十英里只是實地查核的第一小步。我是帝傑的唯一代表，如果只是副承銷商，銀行通常不會派出層級超過協理的人負責實地查核，這次也不例外。我一個人要擔負起帝傑所有可能的法律責任，不過我不會太拘泥於細節，這只是毫無意義的工作。

在多倫多那天，我們計畫要視察公司大致的營運狀況，了解接下來一個禮拜活動

1. 譯註：雷．查爾斯（Ray Charles）：被譽為靈魂樂之父的音樂界傳奇人物，七歲時雙眼失明。

的大致框架。我們坐在沒有窗戶的房間裡，一邊吃小三明治，一邊聽公司的事業發展部總監介紹各地的產業，他一連講了六個小時，完全沒有休息，連一滴水都沒喝。一名眼神呆滯的員工不停在會議室裡穿梭，發給我們大量印滿細節和數據分析的文件。到了午餐時間，我已經一頭霧水，我弄不清楚他們的傳呼事業到底是在奧地利還在巴黎。到了傍晚我已經徹底放棄，實在太多資訊，根本不可能記得。

下午五點，禮車接我們到機場。位子不夠，少了一個，不知怎麼的我就被擠到前面，坐在司機旁邊。這是其他銀行家覺得我的出現很惹人厭的第一個線索，他們覺得帝傑是不乾淨的怪物，而我這唯一的帝傑代表就是怪物的化身，我要為他們的佣金減少負責任。不過我不是很介意，那位司機人很好，我們一路上都在聊他新買的林肯大陸車（Lincoln Continental），其他銀行家則在後面拚命拍公司主管的馬屁，我發誓我聽到拍打的聲音。

禮拜一，晚上七點

我們搭乘英國航空的班機從多倫多國際機場起飛，朝著都柏林出發。高盛的女銀行家坐我旁邊，她根本不想跟我講話，用一個字回答我所有問題，真是個賤人。我從空姐給我的旅行包裡拿出耳塞，塞到鼻子裡假裝睡覺，我知道這會讓她覺得很不舒服。飛了三千五百英里、六個小時後，我們抵達都柏林。

禮拜二，早上六點

因為時區轉換的關係，我們少了五個小時，所以抵達都柏林時太陽已經露臉。公司幫我們訂了聖魯加拉飯店，我們就在飯店裡面開會。聖魯加拉飯店很豪華，這在歐洲代表建築物歷史悠久、房間很小、水管很老舊的意思，而且房價還很貴。登記住房後，在與全球無線資產愛爾蘭分公司的主管開會前，我們有半個小時可以休息，這半小時剛好夠我發現飯店的第四台有免費的三級片可看，也許這間飯店豪華的地方就在這裡：看三級片不用額外收費。我打電話回辦公室檢查語音信箱，有十四通留言。

這種會議實在很可笑，我們飛了三千五百英里來實地查核公司的營運狀況，結果只坐在飯店的會議室裡，聽一堆穿西裝的人告訴我們他們即將打造多棒的事業，這種會大可以透過電話開，還可以省下機票錢。這間公司的管理階層把愛爾蘭營業處視為很重要的資產，可是這裡根本還沒開始營業，而且他們計畫採用一種未測試過的技術，他們甚至連天線都沒辦法拿給我們看，他們什麼也沒有。

到傍晚我已經快不行了。我整夜沒睡，已經完全搞不清楚狀況。他們午餐供應的是小黃瓜三明治和試圖要假裝成柳橙汁的糖水。

我想我應該可以溜到樓上房間躺個幾分鐘，我只休息一下下，反正也不會錯過任何重要的資訊。我假裝要出去打電話。只要閉眼睛休息半個鐘頭就好，不會有人發現。

我離開會議室，走上樓，床好舒服。我實在累壞了，我只要休息幾分鐘就可以。等我翻身起來一看時鐘，媽的，三十分鐘變成兩個小時。我連忙跑下樓，衝回會議室，剛好是休息時間，大家都各自打電話回紐約或多倫多辦公室。華寶的銀行家看到我走進去，用音量大到在場所有人都聽得到的耳語問我：「你去哪裡啦？」

我說：「真抱歉，手上一個案子出問題，我在搶救。」

我不知道那時我的頭髮豎在頭上，襯衫也沒紮好，所有人都知道我在撒謊。

我坐下來，繼續開無意義的會，一直開到晚上。

禮拜三，早上五點

睡了四個小時後，我們搭乘最早的班機朝巴黎飛去，又是一百九十英里、一個小時的時差。全球通訊資產公司在巴黎經營無線電派遣的生意，他們擁有座落在城市山頭的幾支大型天線，卡車司機和計程車司機向他們購買無線電對講機之後，便可透過天線交談。全球無線資產已經放棄向我們推銷他們很亮麗，改口為「很穩當」，這在投資銀行代表不是很有前景，沒什麼行銷潛能。

我們再度聚集到一個房間，公司總經理向我們介紹公司的營運。就像大部分法國人一樣，他因為我們是美國人而討厭我們，我一點也不在乎，為了找樂子，在其他銀行家提出和營運相關的問題時，我問一些很白痴的問題，像是：「如果計程車司機把咖啡灑到對講機上，它會不會秀逗？」會議結束後，高盛和華寶的銀行家開始爭論我們應該在巴黎待一個晚上，明天早上再啟程到因斯布魯克（Innsbruck），還是當天晚上就去因斯布魯克。高盛的副總裁想在巴黎逛一逛，買些愛馬仕絲巾。我說他們愛怎樣就怎樣，反正我現在就要去因斯布魯克。我打回辦公室語音信箱，又多了七通留言。

禮拜三，晚上七點

我們坐上從巴黎飛往奧地利因斯布魯克的小飛機，又飛了一百九十英里。我在過去的六十個小時內一共只睡了六個小時，空姐還沒拿雞尾酒、花生給我之前我就睡著了。

禮拜三，晚上十一點

離開法國到因斯布魯克的感覺真好，不過話說回來，如果有人踢我的頭我的感覺也會很好。這裡的人都說英語，我們的計程車司機叫麥克斯・范・魏索。負責替我們安排行程的全球無線資產替我們訂了因斯布魯克假日飯店（Holiday Inn），高盛的銀行家不是很開心，他們覺得「假日飯店」和「高盛」不可以相提並論。四季，絕對可以；希爾頓，也許吧；假日飯店，免談。假日飯店的房間比五星級飯店大兩倍對他們來說似乎一點也不重要；假日飯店有高級飯店所沒有的游泳池，也不重要。假日飯店就是假日飯店，不符合高盛銀行家的高級標準。

我打回辦公室語音信箱，又多了四通留言。我不小心刪掉三通還沒聽的留言。

禮拜四，早上八點

我們和奧地利傳呼營業處的營運經理開會。奧地利人午餐給我們吃魚。我開會時睡著了，口水流到領帶上。那天我並沒有吸收到關於傳呼業的任何資訊。

禮拜四，下午六點半

我們坐上飛機，朝著波蘭華沙飛去，又飛了一千一百英里，時差減了一個小時。搭機時我作了一個關於投資銀行的夢，我夢到執行董事穿著虐待狂的黑皮衣，用麻花軟糖做成的鞭子抽打我，我八成是瘋了。

四小時之後，我們降落在華沙國際機場。機場沒有燈，跑道上都是雪，飛機降落時有野狗在旁邊追著跑，這些都不會困擾我，我只想洗個熱水澡和一張溫暖的床。

禮拜四，午夜

我們抵達飯店時已是半夜，我現在離帝傑紐約的總公司五千英里遠、相差七個時區。我人在下雪的華沙，在東歐的前共產國家，我開始感覺自己彷彿可以拋下一切，隱居在波蘭的鄉下種馬鈴薯。我雖然又累又迷惑，卻是好幾個月以來感覺最好的一天，因為我知道沒有人可以管我，這裡沒有執行董事、沒有副總裁，我一個人單飛。

結果，事實證明我只是飛進暴風雨的中心，我實在太天真，居然以為自己可以逃過上司的魔掌，我哪裡逃得了。

電話響起時，我站在旅館登記入住的櫃檯前，服務人員接起電話，他聽著電話那頭傳出的聲音，看起來很困惑的樣子，他抬起頭。

「請問這裡有一位洛夫先生嗎？」

我不敢相信，一定是巧合，一定有另一個也叫洛夫的人，我飛了那麼遠，不可能在旅館大廳被追蹤到。但是，我還是說：「我就是洛夫先生。」

服務人員把電話拿給我：「找你的電話。」

「喂？」

「喂，約翰，我是梅寶。」梅寶是我的助理。

「他媽的，妳怎麼找到我？我在旅館櫃台。」

「我打電話問全球無線資產的多倫多辦公室，他們告訴我你們住哪一間旅館，我以為你應該到房間裡了。」

「真的很誇張。什麼事？」

「是泡泡。他快瘋掉了，整個下午都在這裡對每個人大叫。他要找你談有關啄木鳥案子的事，他說他這兩天都一直在留言給你，你一通都沒回。他說他昨天晚上又留了一通，告訴你是急事，他要你趕快打電話給他。」

糟糕，一定是昨天晚上在茵斯布魯克不小心消掉的留言之一。我告訴梅寶：「我知道了。告訴他我飛機誤點，我才剛到華沙，過幾分鐘打電話給他。」

我的平靜破碎了。鐵幕的殘跡也擋不住執行董事，這世上沒有平靜。我拖著疲憊的身子，垂頭喪氣地走到房間。我打電話給泡泡，他劈頭先罵了我一頓，然後向我下了一大堆指令，讓我在接下來的四個小時拚命的處理啄木鳥案。累到再也無法工作之後，我打電話回辦公室檢查語音信箱，又有九通新留言，我一通也沒聽，我管不了那麼多，已經凌晨四點了。

禮拜五，早上五點

我睡了一個小時後迷惑地醒來，跌跌撞撞地走到浴室，因為實在太困惑了，誤把淨身盆當成便斗。歐洲人為什麼不能和美國人一樣，浴室裡只放一個馬桶？我不懂。他們拒絕每天淋浴，卻堅持要擁有全世界最乾淨的屁股。

禮拜五，中午十二點

禮拜五早上是自由活動時間，他們這樣安排要想讓我們有時間在華沙觀光，但那根本是妄想，我在旅館房間處理啄木鳥案子的後續工作。

波蘭的行動通訊業務查核在中午展開。波蘭是全球無線資產的驕傲，發行股票得來的一大部分資金是用來支付建造波蘭系統的費用，我們要祈禱那些資金真的會用來建造這個系統，而不是跑到開曼群島某個不知名人士的銀行戶頭裡。現在是禮拜五下午，我從禮拜一早上到現在一共只睡了十四個小時。椅子實在很舒服，我完全沒辦法不打瞌睡，我睡得好香。查核去死吧。

禮拜五，晚上七點

全球無線資產特別請來加拿大大使館的官員，替我們安排了一場晚宴。我坐在大使對面，他是個高高壯壯、看起來很開心的一個人，好像耶誕老公公。他整晚都在喝梅子酒，我不想讓他覺得孤單，便加入他的行列。我上床前打電話回紐約檢查我的語音信箱，又有六通新留言。

禮拜六，中午十二點

我們坐上飛機，開始追逐日光。從華沙到法蘭克福，再到倫敦，最後到了紐約，一共飛了五千英里。等我們終於抵達紐約時已經是禮拜六下午五點，我好想跪下來親吻甘迺迪機場的地板，但是我的背實在痛到不行，因為那個禮拜實在坐太多飛機了，而且地板看起來也不太乾淨。

禮拜天，早上九點

我花了三個半小時處理那個禮拜不在辦公室時收到的四十通留言，我從家裡回，因為我不想讓任何人看到我出現在辦公室，如果被他們發現我已經回美國了，會很麻煩。我在話筒上包了一層布，好讓自己聽起來很遙遠。

禮拜天，晚上八點

旅程還沒結束呢，我們還要去墨西哥市。又要再飛一千九百英里、五個小時。我們凌晨兩點才抵達旅館，走進大廳時，大家都累到不成人樣，我發誓我看到櫃檯小姐拿起電話通知警衛。我一點也不在乎，在哪裡我都可以睡，即使墨西哥監獄也沒問題。

禮拜一，早上八點

我們聚集在一間會議室，聽一個英語帶有濃厚墨西哥腔的人告訴我們，他們的公司有多棒，他還給我們看好幾個上面會閃燈的金屬箱子。我連全球無線資產在墨西哥的事業究竟是什麼都記不得，我想不是呼叫器就是行動通訊，不然就是無線電派遣，也可能是雜貨店或酒店，一點也不重要。我是機器人，我是狗，我快累死了。

禮拜一，晚上九點

終於回家，不用再出差了。查核工作結束，我西裝還沒脫就睡著了。

我花了八天的時間考察全球無線資產在國外的營運。飛了一萬兩千英里，橫跨七個國家、八個時區之後，現在全帝傑最了解全球無線資產營運的人就是我。我在幾場考查會議裡打瞌睡，其他時間大部分在發呆。八天下來，我的工作成果只有一張半的筆記和頭痛。帝傑要根據我的判斷，把全球無線資產的股票賣給最好的法人機構客戶。我希望那些客戶平常有好好燒香。

十六、考績獎金

我要吃餅乾！

——芝麻街裡的餅乾怪獸

「他很芭樂，真的很芭樂。」

楚普和我在開半年一次的分析師考績會議，第二年協理安德魯．葛德正在批評第一年的分析師卡爾．肯特。負責投資銀行人事的道格．富蘭肯不懂歌德想表達些什麼，他請歌德進一步解釋。

「歌德，很芭樂是什麼意思？我不懂。」

歌德解釋：「很芭樂的人是最無用、最垃圾的人，肯特就是這種芭樂。」

富蘭肯決定這件事值得深入探討：「再多說一點，肯特做了什麼事這麼討你喜歡？」

「他替我作併購模型，結果漏掉併購後事業體的一整個部門，我們提供委員會的建議是以一個遺漏重要部門的模型為基礎。真的很丟臉，我沒辦法和這種人共事，我們應該炒他魷魚。」

我和楚普四目相接，我知道我們在想同一件事。芭樂的不是分析師肯特，而是葛德，道理很簡單，你不能叫猴子替你作併購模型，又期待他們不會出錯。你必須檢查猴子做的東西，因為猴子一定會留下一些香蕉皮。我們都知道葛德很懶，他的懶惰終於害他出錯，他只是不想一個人死，打算拖肯特一起下水。

楚普和我要替肯特說話，他是個好孩子，雖然工作過度，可是努力。他替我們做了很多事，我們答應要在評鑑時幫他說好話，楚普開口了。

「肯特是個好孩子，不要相信葛德說的。他一個禮拜七天、一天二十四小時都在工作，他替我做了很多事，雖然有時會出錯，但他真的很拚。我們不是要訓練腦外科醫師，我們在訓練猿猴，肯特是隻好猴子。」

全場一陣安靜，其他協理都不知該如何是好。同意和點頭是協理的反射動作，我們習慣永遠贊同別人的意見，衝突讓我們不知所措。終於有人說話了。

「對啊，我覺得肯特不錯。他幫我作的東西都很好，我很喜歡他。」

情勢開始逆轉，協理紛紛替肯特說話，他的考績會很不錯，他可以領到考績獎金。

每年兩次，帝傑所有協理聚集到一間會議室裡。我們坐進軟軟的椅子吃通心麵沙拉，執行董事富蘭肯和負責分派工作給分析師的資深協理就像印地安酋長一樣坐在最前面，他們按字母順序一個一個唸出分析師的名字，每唸一個，和他共事過的協理就要評估他值多少錢。這種估價法是用來決定分析師能拿到多少考績獎金，範圍從第一年分析師的三萬美元到第三年分析師的十萬美元。他們事先警告過我們絕對不能透露考績會議的內容，如果被他們得知我們洩露任何風聲出去，下場一定很慘。

這就是我們的星星法院[1]。我們是賣馬的小販，先檢查老馬的牙齒和齒齦，決定牠們的健康狀況，再送到膠水工廠[2]。我們擁有短短幾小時的權力。

這種考績會議有兩個問題。第一個問題是，在考績會議以外的時間，我們都習慣要唯命是從，不要獨立思考，我們只負責接收指令，不能有自己的意見，執行董事的意見就是我們的意見。所以，他們每半年把我們關在會議室裡一次徵詢我們意見，我們幾乎都不知該如何是好，通常在驚慌之餘我們只能拿出本能的反應——點頭表示贊同。

這意味著評價分析師的時候，通常不會有人有異議。如果第一個發言的協理給了很正面的評價，之後的評價都只會更棒更好；如果首先出聲的協理講他的壞話，那就完了，他不太可能有起死回生的機會，該名分析師最後拿到的獎金就會比幸運的同事

1. 譯註：星星法院（Star Chamber）：在英國威斯敏斯特宮的星室（Star chamber）裡開庭，以祕密審訊、判決武斷偏頗而聞名的民事法庭，一六四一年廢止。
2. 譯註：人們過去以為動物死後會被丟到膠水工廠做成膠水。所以送到膠水工廠可以引申為死了，或被丟到某處等死。

少三萬美元。一但開始漲潮或退潮，就不太可能力挽狂瀾。考績會議的協理都想搭同一架直昇機飛出胡志明市，無論是朝叢林深處飛去或回到非軍事交戰區都沒關係，我們就是被訓練成這樣的人。

考績會議的另一個問題是，它無可避免地變質為我們受副總裁、資深副總裁、執行董事蹂躪好幾個月的發洩管道，他們抽打、恫嚇我們，我們必須把這種不快的感覺傳遞下去，才能消除自身的憤怒。如果我們得好好接受磨練，那我們當然不會讓分析師過得輕鬆。半年一次的考績會議是我們唯一有機會在觀眾面前凌虐分析師的時候，有人看著你打狗會覺得更滿足。我們的媽媽知道了一定很羞愧。

其實，我們坐在會議室的同時，內心深處都有一種無法言喻的擔心。我們都知道這種打考績的方法很可笑，這種評鑑方式無法真正獎勵該受獎勵的分析師，解雇該被解雇的。我們知道分析師的考績全看和他共事過的協理那天的心情；我們也知道即使有人替你說好話，如果記錄分析師評價的富蘭肯正好屁股癢，那個分析師就倒楣了，因為富蘭肯不會寫下來；我們還知道副總裁、資深副總裁和執行董事也是用同樣的方法幫我們打考績，評鑑我們的程序並不會比較公平，而且我們的風險更大，我們可能失掉的獎金更多，所以就更要擔心。

帝傑打考績的高潮隨著每年二月初公布獎金數字時來臨。帝傑發的比其它銀行晚，高盛和摩根史坦利的銀行家十二月底就知道獎金數字，大部分投資銀行則在一月公布。帝傑不一樣，帝傑要先觀望其他銀行給的數字，再決定要發多少錢金老鼠才不會跳槽。因此，每年十二月底到二月初之間的六個禮拜，我們會開始透過各種管道打聽其它銀行的獎金，六個禮拜漸漸過去，我們也愈來愈焦躁，工作效率變得很低，我們滿腦子想的、談論的、關心的就只有考績獎金。即使我們被診斷出得了最嚴重的口臭，我們也不在乎，我們拚命努力了十二個月，到處逢迎巴結，只為了拿到豐厚的補償。如果其他銀行的銀行家賺得比我們多，我們大可以去拍別人的馬屁，畢竟帝傑銀行家的屁股並不比摩根史坦利的香。

認識別家投資銀行協理的人都開始打聽情報，謠言滿天飛，大家拚命打電話聯絡商學院畢業後就不曾聯絡的人。

「喂，我是約翰．洛夫。你們的數字出來了嗎？」

「出來啦。」

「是多少？」

「最少八萬，最多十一萬。」

「幹，還不賴。」

「你聽到什麼消息？」

「高盛九到十三萬美元，是到目前為止最好的；信孚銀行（Bankers Trust）是七到十萬，小氣得要命。」

我們的談話內容僅止於此，沒有繁文縟節，沒有「畢業後過得怎麼樣啊？」電話的目的大家心知肚明，也都相互包容，每一間銀行的協理都擁抱這個儀式，我們有任務在身。

大家一得到最新數據，就立刻通知同儕好友，我們幾乎可以聞到錢的味道。我們搜集各間銀行考績獎金資訊所抱持的熱情是平常辦案子時看不到的。這關係到我們的銀行帳戶。裡頭並沒有太多祕密，如果投資銀行部該年的獲利特別高，考績獎金也許會增加一些，如果那一年的狀況很糟，也許會少一點，大體上來說，和資深銀行家相比，我們的獎金多寡和銀行的獲利比較沒有關係，真正重要的是別家銀行的獎金多寡。

帝傑向來以慷慨出名。第二年協理拿到的獎金可能比別家銀行的協理多三萬美元，唯一能和帝傑抗衡的是高盛，所以我們最想知道高盛的數字，這樣我們心裡就能有個譜。有些銀行，例如潘韋伯（Paine Webber）每年都墊底，楚普和我從來都搞不懂這些銀行的協理在想什麼，在我們看來，如果帝傑給的錢不是華爾街數一數二的，那我們乾脆去乳品皇后（Dairy Queen）賣冰淇淋算了，這是我們衡量成功的唯一方法，不是錢，而是炫耀的權力。

長達六個禮拜的時間，我們沉迷於猜測自己會拿多少錢，所以等我們看到真正的數字之後，難免會覺得失望。無論數字為何，如果旁邊沒有人放煙火，沒有銅管樂團演奏「永恆的星條旗」，我們八成都會覺得自己情感寄託錯了對象。我們花了將近兩個月的時間像孔雀一樣拚命開屏，告訴從商學院畢業一年半的自己應該拿到二十萬美元的獎金。公布數字那一天，如果只拿到十八萬，我們就會覺得自己被坑了，我們絕不會心甘情願地接受。

我的上司吉姆．費爾斯登打電話來。

「約翰，來我辦公室一下，我要和你討論獎金的事。」

我朝著費爾斯登的辦公室走去，前方有什麼在等著我？是名利雙收？還是羞辱與毀滅？我馬上就會知道。

我走進他的辦公室，他示意我坐沙發。事情已成定局，無法改變了。費爾斯登遞給我一張紙，那是銀行部總裁史蒂文．托斯和副總裁布洛克．萊布蘭克寫給我的信，頂端寫著「年終獎金與考績獎金」。

費爾斯登開口：「約翰，我們很滿意你這一年來的表現，公司今年的業績很不錯，你的獎金都反映出……。」

我一個字也沒聽進去，我一直偷瞄那張紙，瘋狂地尋找數字。並不難找，就在第一段。

我們很高興通知你，你得到十二萬五千美元獎金……，另外，你也因為負責首次公開承銷案而拿到一萬九千美元的特別獎金……加上薪資……獎金總額……為二十萬九千美元。

就是這個了。期待有了結果，這個數字很不錯，和高盛的一樣好。比我唸商學院前在廣告公司全職工作的最後一年賺的錢多了十倍，在我上頭那些比較成功的執行董事賺的錢也是我的十倍，那是陡峭的收入曲線，只要我堅強一點，就可以到達那種境界。不過我還不能高興得太早，我不知道其他人拿到多少錢，即使我拿了二十萬九千，有可能其他人全拿二十一萬五千，如果是這樣，那我不是冤大頭、白痴，就是隱形人。

費爾斯登還在旁邊碎碎唸，他在唸和我共事過的副總裁和執行董事對我的評語，他是很仔細的人，希望我聽到完整的故事。

「……約翰很重視團隊合作，是傳播和娛樂集團珍貴的資產。」

「……表現成熟，工作交給他我很放心。」

「……我很喜歡和他共事，客戶都對他讚不絕口。」

「……約翰會是很棒的銀行家，有潛力成為明日之星。」

我完全沒在聽，費爾斯登唸的句子都很空泛，我懷疑副總裁、資深副總裁、執行董事都有一個抽屜專放影印好的評語信，只有「名字」那一欄留白，區分成三種等級：「好」、「普通」、「差勁」，打考績時只要把名字填上去就好。

費爾斯登唸完了。

「約翰，你在今年協理中算是數一數二的，你的獎金也反映出這點，幾乎沒有人和你並駕齊驅。你千萬不要和別人討論你的獎金，這不關別人的事，我們希望你自己知道就好。」

我起身離開，心裡還在想費爾斯登剛才說的不要和別人討論獎金那件事。我早知道他會這麼說，事前已經有人警告過我。他們的用意很明顯，資訊便是權力，如果大家都沒有透露自己拿到多少獎金，他們就可以說得天花亂墜逗我們開心。他們可以給大家一樣多錢，卻對每一個人說他拿最多，這樣我們就能保有自尊，也不會有任何衝突。但是我們才沒那麼笨，我們自有一套計畫。

我們的計畫很巧妙地規避保密要求。我們還是不太好意思直接告訴對方自己拿多少錢，所以我們的方法在保護隱私的同時又能知道別人拿了多少。我們講好要在一間會議室裡碰頭，把我們拿到的數字寫在紙上，丟進帽子裡，再由其中一人拿出所有紙條，從最高的金額寫到最低，影印分送給每一個人。運用這種方法，我們可以知道和別人比較起來我們拿的到底算多還算少，如果有人覺得自己被坑了，他們可以去跟上頭抱怨抗議。如此一來，發球權就移轉到我們手上，我們握有優勢。

回辦公室後，我打電話給滑頭。

「喂，滑頭，我是洛夫。我拿到數字了，你呢？」

「我也是，我們什麼時候開會？」

「我就是要問你。把大家召集起來，我們趕快開會。」

「好。」

十分鐘後，滑頭打來：「洛夫，你不會相信發生什麼事。」

「什麼？」

「大家都臨陣脫逃，沒有人要參加。」

「幹！為什麼？」

「我不知道，沒有人老實說，都給我一些爛藉口。」

不用想也知道，他們告訴每一個人他是最好的，大家都知道他們在鬼扯，可是沒有一個人想知道真相。投資銀行特別容易吸引我們這種自戀的人，這正是我們的弱點，上頭很了解這點，他們比我們還了解我們，我們根本鬥不過。

「滑頭，你獎金加起來是多少？前面有一個二嗎？」

「有啊。」

「他們有告訴你你是最好的嗎？」

「有啊。」

「我也是。」

「我們應該不是最好的吧？」

「不可能，他們一定跟每個人講相同的台詞，我來問翅膀，他還是想知道他拿的錢算多還算少，我來問問看他拿多少錢。」

我打電話給翅膀，他的第一個數字也是二，他們也告訴他他是最好的，這顯然是個模式，並非巧合，他們把我們玩弄於股掌間，我們實在太嫩了。此時我的電話開始響，是鱷魚。

「洛夫，我手上有一個高收益提案，禮拜四就要提案，明早之前我要看到草稿，你來我辦公室，我們來討論一下。」

可惡，又要熬夜了。我突然回到現實，領獎金的短暫快樂就這樣消失。我辛苦工作了一年，沉迷了六個禮拜，享受了十分鐘，現在又要回去面對投資銀行最黑暗的一面：發現自己什麼都不是，只是沒人要的垃圾。我深吸一口氣，朝鱷魚辦公室走去。

十七、頓悟

自慰的好處是你不用盛裝打扮。

——美國南方文學作家　柯波蒂（Truman Capote）

夢想到底值不值得？我們的目標究竟是三十歲前致富？還是寧願好好享受生活？身為投資銀行協理，我們可能兩者兼得嗎？你可以三十歲、四十歲、五十歲變有錢人，可是年輕只有一次，你不能用錢買時間，也不能用錢買到快樂。時間繼續在流逝，帝傑的年度報告寫著：「祝大家開心」，可是我們一點也不開心。

剛進帝傑，夢想依然存在，我們沒有發現自己的生活多可悲，我們不知道除了工作之外，我們根本沒有生活可言，我們生命裡全是工作。然而，麻木地過了幾個月苦日子之後，我們的想法開始轉變。楚普的轉變是漸進式的：不時覺得自己彷彿失去些什麼，總覺得哪裡不太對勁。楚普還在和他的芝加哥女神瑪裘莉交往，雖然時有波折，但是我知道他很想好好經營這段感情。他們的關係已經進展到下一個階段，楚普向她求婚了。眼看滑頭和其他同事因為工作壓力紛紛取消婚約，讓他覺得很擔心。除此之外，他也很受不了自己的生活品質每況愈下，他以前身材很好，每天都要運動，現在一穿上泳衣，整個人就像粉紅色的罐頭碎肉。剛開始只偶爾出現的負面感覺，現在則是頻頻出現，再也不容他忽視。

我不太一樣，我的感覺不是漸進式的，而是頓悟，是晴天霹靂。

我是男人。就像所有男人一樣，我有需求，需要女人的青睞、女人的陪伴，我渴望她們帶給我的歡愉。

剛進帝傑時，大部分的同儕都有另一半。我們剛從商學院畢業，找到人人稱羨的工作，我們都覺得自己好了不起，覺得自己正朝著金融世界玩家的境界邁進。對大部分人來說，另一半也生命中很重要的一部分。但是，隨著第一年過去，許多天作之合的對象開始受不了我們的工作時間，一個接一個，我的同儕被甩掉、趕出去、取消婚約。對方發現厚厚的薪水袋根本不能彌補身邊另一半的陪伴。

我不一樣，我一開始就沒有女朋友，所以也沒有被甩掉。我很習慣取悅自己，我不需要像別人一樣找時間上健身房運動，因為我天生有旺盛的精力，而且又必須自己發洩掉那種精力，所以我擁有其他銀行家望塵莫及的強壯手臂，大力水手也對付不了我。

成為投資銀行家後不久，我開始有在辦公室裡自我滿足的需求。我沒看過太多關於這種可恥行為的研究，不過大部分的人都應該能自我控制、抗拒這種誘惑。不幸的是，大部分人也許可以忍耐幾個小時，等回家之後再好好發洩，但這對好色的年輕銀行家來說可沒那麼容易，如果下午四點出現這種慾望，他很可能還要工作十個小時才能回家處理。

至少那是我第一次偷偷摸摸跑到帝傑男廁發洩之後，替自己找的藉口。打破社會風俗的問題是，你一旦跨越了，就無法回頭。我到男廁的次數愈來愈頻繁，我的需求愈來愈無法抑制，我是超級精子發電機，無人能擋。

一而再，再而三，我愈來愈大膽。有一天凌晨我坐在辦公室裡，突然有了衝動，我好累，根本不想動。我想一次應該無傷大雅。

我探頭到走廊，當時是凌晨三點，沒有其他人在場，我向自己保證絕不會有下一次，況且我也不用花太多時間就可以解決，怎麼可能被發現？不會有人看到吧？我不在乎眼睛會不會瞎掉、手掌會不會長毛，我已經完全失控。

所以我開始行動。我沒有被逮到，也很快就結束。完事之後我靠在椅背上享受成事的喜悅，我很想來根菸，可惜身上沒有。就在此時，我突然發現一件事。

事前我雖然匆促地確認沒有同事在場，卻忘了對街好幾千名可能的觀眾，我所有生活都在帝傑裡，我只在乎帝傑的人，其他人都不重要。

我們的辦公室有一整面玻璃牆，旁邊緊臨兩棟辦公大樓。凌晨三點，我們這棟大樓大部分辦公室都是暗的，凌晨三點還亮著燈的辦公室一定能吸引旁邊辦公大樓所有正好朝外看的人的目光，也就是說，我基本上等於在百老匯舞台上手淫，旁邊大樓裡的人都是我的觀眾。有沒有鄰居在欣賞我的表演？我的表現可不可以獲頒東尼獎？我不知道。如果他們看到了，他們對投資銀行家的印象一定永遠扭曲。凌晨三點，我坐在辦公桌前，想到自己根本就是廢物，除了工作外沒有任何生活。這就是我的頓悟，也是我結束投資銀行家生活的開始。

光是公開表演手淫這件事也許不足以讓我下定決心轉換職業生涯，我也許思考一下自己可悲的行為之後，覺得這種墮落的行為是我個人的問題，無論在什麼地方工作都可能出現。幸好我環顧一下帝傑，就能看到從前也許和我一樣的資深銀行家。這些人當了二十年銀行家，從沒結過婚，變態的程度就和穿雨衣的皮威．赫曼[1]差不多。他們生是銀行的人，死是銀行的鬼。這些人是我最好的範本，希望是投資銀行害他們變成這副德性，如果是的話，逃離也許能給我救贖。

外號寇克艦長的寇克．佛林就是很典型齷齪的職業銀行家。他是非常變態的資深副總裁，也是我的良師益友，最重要的，是他讓我醒悟，讓我發現我不想變成他那種人。

1. 譯註：皮威．赫曼（Pee-Wee Herman）：美國演員保羅．魯本斯（Paul Reubens）所飾演的知名角色。保羅．魯本斯曾多次因公然猥褻、持有兒童色情照片而遭到逮捕。

每個人都有不願提起的朋友或親戚，通常因為那人的所做所為太出人意表、太瘋狂，無法為人接受，讓我們覺得很不好意思。不過，大家其實很喜歡身邊有這種人出現。下一次參加派對，你如果看到一個喝得醉醺醺的人在罵討厭鬼的老婆是肥豬，請睜亮你的眼睛，你可以看到大家掩不住的笑意，因為那個自大討厭的老婆可能真的很肥，而且如果她不惹人厭，他不會叫她肥豬，只是其他人沒膽量說出口罷了。

寇克艦長就是派對裡喝醉酒的那個人，他就像感恩節家族聚餐時得待在柴棚裡的變態叔叔，週末和他一起出去作樂會很開心，但是他真的太好色。

寇克艦長是消費科技集團的資深副總裁，我們共事過很多次。

還在帝傑實習的時候，我就耳聞過寇克艦長的謠言。寇克一輩子都在帝傑工作，在公司待了二十年，已經是很資深的員工。他很久以前就升副總裁了，本身也有一些客戶，但沒有多到可以再往上升一級，不過他早就不再煩惱永遠升不上執行董事的事，他根本不在乎。

寇克艦長今年四十七歲，很久以前離婚，和牛蛙一樣飢渴。

很多人碰到船長都會很好奇他為什麼不再婚，偶爾有比較勇敢的人直接開口問他，他的答案也很直接。

「我怎麼可能想結婚？」

「你不會想要小孩嗎？」他們通常接著問。

「小孩？我姐就有三個小孩，開車一個小時就能到她家，我隨時都可以去看他們，而且在這同時，我還可以繼續和二十五歲的女人上床。」

寇克很愛女人，這一點很明顯，他很擅長表達那種愛。無論社交場合或公事，只要碰到女人，寇克艦長的打招呼方式都是親對方的嘴唇。

艦長知道他不該親女同事，可是只要她們願意忍耐，他就不會停止。

寇克艦長不檢點的行為不光侷限於騷擾女同事，他胯下的火燒得太猛烈，一但興起，艦長就像進了瓷器店的公牛一樣危險。

寇克艦長雖然任職於消費科技部，卻沒有什麼科技知識，這一點實在令人不解，他得把步驟貼在電腦螢幕的塑膠外殼上，才知道怎麼啟動自動股票報價系統。網路對他來說是很陌生的概念，他不知道網路是什麼，也不了解網路的力量，如果不是我某一天下午在走廊上隨口說出的一句話，他還會繼續無知下去。

那時艦長和我正朝著會議室走去，我們要和夏普森公司的管理團隊開會，夏普森公司是一間高級音響的製造商。我隨口提到關於網路的事。

「寇克，你知道用帝傑新的高速網路，我可以坐在椅子上下載色情片嗎？一毛錢也不用花。」

免費色情片！他完全被吸引住了。

「你在說什麼，約翰？」

「是這樣的。如果我覺得無聊，只要點幾下滑鼠，就可以看到一流的三級片。」

我們走到會議室了，夏普森公司的管理團隊已經在裡面。我可以感覺到船長有很多問題想要問我，但是這些問題必須等。

提案提到一半，我發現寇克艦長很難專注在公事上，他滿腦子都還在想那些色情片，還好他和夏普森的主管很熟，他們是他的老客戶，很了解他的怪癖，所以他趁著談話空檔突然冒出一句：「約翰知道怎麼從網路上弄色情片。」他們並沒有太大驚小怪。

場內出現一陣沉默，大家都面面相覷。我微笑地解釋：「寇克剛剛發現網路的力量，他很期待好好探索一番。」

大家都笑了。

寇克艦長開心地看著我，我是他的好徒弟，處理客戶的技巧愈來愈純熟。

會議結束後，寇克艦長和我一起走回辦公室。

「約翰，你要弄給我看，沒有親眼看到我不會相信。」

我們窩在辦公室的電腦螢幕前，我開始向艦長介紹網路免費色情片的神奇世界，我拉出一些神奇網站的選單讓寇克自己挑。他選擇的是上品──「亞洲寶貝狂想曲」，進入網站之後，不到幾秒鐘我們的眼前就出現暴露出隱私處、雙腿修長勻稱的東方女人。艦長不敢相信自己的眼睛。

「我的天，太神奇了，我的電腦可以上嗎？你可以教我嗎？」

「當然可以，寇克，大家的電腦都可以。科技是很美好的東西，會讓下一個世代完全改觀。」

我們背後突然傳出一個聲音：「你們在看什麼？」

我轉過身去，原來是和我同期的協理戴安。她是東方人，也是女人，我不認為她會欣賞東方女性的身體如此明目彰膽地陳列在我的電腦螢幕上，我站起來，試圖遮掩我們邪惡的行為，可是已經太遲，她看到隱私處了。

寇克艦長大聲說：「戴安，看來我們是人贓俱獲！男生就是這樣，妳也知道。」

戴安看看我，又看看艦長，她決定和我們爭吵並不值得，便嘆了口氣，轉身離開。

我稍後回想這件事時，覺得很好笑，和艦長一起看網路上的色情片實在很有趣。不過，那天晚上我又細想了一下，開始有點擔心。我並不是有罪惡感或什麼的，在我看來，那些衛道人士所謂的電腦性騷擾主張只是律師在找方法替自己開闢財源。我擔心的是我會變成另一個寇克艦長，雖然他這個人很有趣，四十七歲了還性慾高漲，又不在乎別人眼光，但這不表示我想變成和他一樣。投資銀行的工作占據了他全部的生命，到四十七歲時還沒結婚，凌晨三點待在辦公室手淫。實在很可怕，我會變成什麼模樣？我開始覺得這一切好像不是很值得，我沒有在過我夢想中的生活，我一點也不開心，或許生命中還有更美好的事物。

十八、最後一根稻草

他整個人一百八十度大轉變。以前他沮喪又悲慘，現在他悲慘又沮喪。

——大衛・佛洛斯特（David Frost）

洛夫的領悟像是突然被雷霹到，我不一樣，我是慢慢發現自己不適合當銀行家，甚至不確定是從什麼時候開始的。也許懷疑的種子是在連續四天提案，四天內只睡了六小時之際種下；也許質疑自己是不是選錯行，是在同事第五十七次叫我「死肥子」的時候開始；也許頻頻出現在脫衣舞酒吧，讓我開始懷疑自己是不是骯髒的禽獸，享受生命樂趣的時間少到必須依靠塞十塊美鈔到黃色尼龍丁字褲裡獲得滿足？我有時間維繫長期的感情嗎？瑪裘莉和我訂婚了，她計畫這幾個月要搬來紐約。我很愛她，也希望我們之間的感情能順利發展，可是我老是不在她身邊，我根本沒時間。瑪裘莉雖然知道我的工作時間很長，但是我們整個交往期間她都住在芝加哥，所以她沒有真正體驗過投資銀行家的生活。她能接受我的生活方式嗎？在這一行幹了二十年之後，我會不會只學會找藉口，向心愛的人解釋為什麼我總是不在他們身邊，但卻熟知世界各大主要城市最下流的脫衣舞酒吧在哪裡？難道這就是我要的人生嗎？

不過，直到我發現自己在招攬其他倒楣的年輕人步上我的後塵時，我才真正看清楚現實。我就像為了賺買毒品錢開始販毒的毒蟲，有一天突然發現自己在賣毒品給小學生。感覺實在不是很好。

企管碩士招募季節正如火如荼地展開，一月初的某個下午我接到電話，負責招募哈佛學生的執行董事在電話上如連珠炮般劈頭就說：

「喂，小楚。我們需要你加入專案小組，去哈佛招募新血。你今晚可以飛到波士頓重溫昔日的快樂時光，拿公司的錢好好去享受。明天是企業徵才博覽會，所有企管碩士都可以向專案小組成員提問；接下來是接待會，你要站在帝傑攤位前發年度報告、和學生聊天。大家都會去：摩根、高盛、美林、雷曼。你要向那些小孩推銷帝傑。你知道該怎麼做。謝謝你的幫忙，我已經幫你訂好機票和旅館。這件事要優先處理，你要負責招募。告訴其他案子的同事你明天會不在。」

是的，我很了解招募程序，因為我不到兩年前才經歷過，我應該告訴那些年紀輕輕、可塑性超強的企管碩士生，擔任投資銀行協理是很有趣、很刺激、很有成就感的工作，我應該告訴他們這份工作很有挑戰性，只有最頂尖的人才進得來。我應該要把兩年前別人向我灌的迷湯拿去灌他們。

我到了哈佛，掛上名牌，坐在帝傑的小攤位前。企管碩士蜂擁而上，一個女學生手上抓著履歷表向我衝來，在我還沒時間向她自我介紹前，她就開口說話。

「楚普先生，我真的很想進帝傑工作。這是我和我先生的履歷表，我們很希望能在同一間公司上班，我們知道這份工作很辛苦，我們不在乎長時間工作，我們很了解投資銀行，我們想進帝傑。你喜歡帝傑的工作嗎？有像我聽說的那麼棒嗎？你是不是整天都在做交易？」

我拿出釣魚的本領：「我很喜歡，在帝傑工作很棒，我的確做很多交易。我會把妳的履歷表交給負責的人，妳很有熱忱，很適合進帝傑，謝謝妳有興趣到帝傑上班。」要裝得很熱情的樣子實在不容易，我好累，不停受恐嚇、工作到半夜，以及永無休止、日復一日的折磨，已經快把我推到極限。

她帶著我的讚美飄飄然地離開。如果我讓這個女人和她先生到帝傑工作，就等於破壞他們的婚姻，帝傑會澆她冷水，帝傑會把她生吞活剝，她最後會只剩一具空殼。管他的，我幹嘛擔心？我的任務是要填滿管線，尋找新鮮的肉體塞到我下面，好讓我掉下去時不會太痛。所以我面帶微笑繼續守攤位。

我從前的同事爾尼在攤位前停下，我和他同時在吉德皮巴第當分析師，他一下就認出我來：「彼得，聽說帝傑很不錯，待遇很好，工作也很有趣。你們接的案子都很棒：高收益、工商銀行業務……，都是好玩的案子，和吉德不一樣，對不對？如果要回華爾街，我想進帝傑。你可以幫我嗎？」

我忍耐著不告訴他協理的生活有多糟，我其實有多不快樂。我深吸一口氣說：「爾尼，我當然會幫你。首先，帝傑的待遇真的很棒，是我們在吉德賺的錢的五到六倍；第二，帝傑和皮德真的不一樣，帝傑很好玩，連提案都很有趣，我們的案子都是最棒的，不但有趣，也很有挑戰性。你應該來帝傑，我一定會幫你。」

他向我道謝後離開，我看到他又去了高盛、雷曼和美林的攤位。我把他拖下了水，我幫他進了帝傑，他也接受了，後來我聽說他大約一年後辭職。

要回紐約時，我在機場遇到另一個好朋友丹尼。我進帝傑的同時他進了美林當協理，丹尼就是兩年前在哈佛和我一起坐蒸汽室的人，當時我們向彼此保證絕不會回投資銀行上班。我出聲叫他，他走過來。他告訴我他的工作很糟，什麼事都沒時間做。他想去找比較有成就感的工作。我們走上飛機，坐在一起。兩個失敗者，其他企管碩士心目中的贏家此時悲慘地坐在那裡，一心只想逃離。

我變成我最不想變成的人，我失去我最需要的東西，包括我的自尊。假使資深銀行家說只要我用口水替他擦皮鞋，他就會在打考績時替我說好話，那我一定馬上吐出一大口濃痰，開始用力刷。

下飛機時我的呼叫器響了，我打電話回辦公室檢查語音信箱，有一通留言：「彼得，我需要你來辦公室幫分析師作幾個模型，然後你要寫承銷股票委員會的記錄，明天下午前完成。假期結束了，回來工作。」可惡！我轉頭看丹尼，剛才他的呼叫器也響了，他正在聽留言，某個美林的資深銀行家在他的語音信箱裡留下足以讓他一整晚待在辦公室裡的指令。我們一起感嘆了幾分鐘，便朝著各自的辦公室出發。

丹尼和我在飛機上都聯絡好機場接送服務。我們跳進各自的車裡，命令司機快點把我們載回曼哈頓，因為我們是銀行家，肩負著重要的任務。

帝傑變了。我們剛進去時只有大約三百二十五名銀行家，現在已經有超過六百名，我想他們的目標是在不久遠的將來要有超過一千名銀行家，這只代表會有更多人對我頤指氣使，感覺上每一天都有更多來自其它投資銀行的空降部隊進駐。俗語說：「要了解你的敵人。」只有三百二十五個銀行家時，至少我還知道敵人是哪些，六百就已經太多，一千個就完全無法控制。

時間依然繼續在走，日子一樣過，我跌入一個叫做工作的黑洞，接下來我只知道瑪裘莉就要離開芝加哥，搬來大蘋果了。她打電話問我會不會到機場接她，我向她保證一定會。她離開家人、朋友和芝加哥的事業，搬到一個陌生的城市，她很需要我的支持。結果她抵達拉瓜地亞機場、走下飛機時，只看到一個叫做古僕塔的印度人拿著寫有「楚普」的牌子站在領行李的轉盤旁等她。我沒辦法去機場，因為一個神經質的執行董事一直拿文書處理的文件煩我，他生氣地說：「跳！」我便很有禮貌地回答：「是，要跳多高？」瑪裘莉到公寓哭著睡著，我破壞了我一生中最美好的感情。

我曾有過辭職的念頭，但是我還能做什麼？我怎麼有時間找別的工作？不過，我想到兩個禮拜後我們要去希臘渡假，或許可以趁著渡假時好好釐清思緒、仔細思考，如果有一套策略，也許我可以應付這份工作。我可以利用渡假時好好來計畫。

瑪裘莉和朋友先出發，她們要在土耳其玩幾天，然後瑪裘利再到希臘和我碰面。我好興奮，我告訴專案小組的同事我就要去渡假，一個執行董事聽到了，露出神秘的笑容。

出發前兩天，露出神秘微笑的執行董事告訴我我不能去渡假了，他說：「我們需要一個人負責堪薩斯市和西雅圖市的巡迴說明會、陪同公司的管理團隊。我和負責這個案子的副總裁都在忙，你要為大家犧牲一下，我們都經歷過這種事，這工作就是這樣。」

這工作就是這樣？去死吧！我腦袋裡有控制不住的憤怒，我好想打他。

我難過地問副總裁他為什麼不能去，他說他和女朋友之間出了一點問題，他要花時間陪她。他告訴我：「別擔心，這種事我也經歷過，歡迎進入投資銀行的世界。」

我打電話到土耳其，告訴瑪裘莉我不能和她在希臘見面，她很不高興，非常不爽，我說什麼都不能讓她開心。她還會原諒我幾次？我可以向她說幾次抱歉？這不是我夢想中的生活。我以為我會有更多時間、更多樂趣。沙漠的盡頭究竟是什麼？是綠洲？還是海市蜃樓？也許我根本不在沙漠裡，而是在沒完沒了的叢林中。我不在乎了，無論我人在哪裡，我都要盡快離開。

不能渡假讓我很不開心，更讓我難過的是惹瑪裘莉生氣，但這兩者都不是決定性的因素。我看著鏡子裡的自己，發現我一點也不喜歡那個人，我對自己失望透頂，我一點尊嚴也沒有。到希臘渡假可能可以讓我暫時喘一口氣，卻無法終結我的悲哀，我變成我最不想變成的樣子，我只有一個想法：「去他的，我不要再忍受了。」

這就是最後一根稻草，我的肚子裡沒有熱情，我的眼睛不再發亮，我一定得離開。

十九、解脫

史考特，把我傳送上去。這裡沒有有智慧的生物。

——寇克艦長

我一定要換工作。我打電話聯絡獵人頭公司，這是我唯一知道的方法。我守口如瓶，連洛夫都不知道這件事，如果打算離開銀行的風聲洩露出去，不是馬上被解雇，就是當場被閹割，兩者都是我不想見的情況。找新工作的計畫必須進行得很小心，要像隱形轟炸機一樣隱密。我不是早上七點上班前去面試，就是利用週末面試，再不然就透過電話應徵。幾個月過去，沒有一份工作讓我感興趣。

最後，我透過獵人頭公司認識了一群人，很巧合的我負責的一個案子也正好碰到他們。他們是瀕臨違約債券（distressed bond）的價值型投資人（value investor），我很喜歡他們，他們也喜歡我。他們的狀況很不錯，約有四億美元資金，公司一共有六個人。他們要我負責研究思考，決定如何投資這些錢，我很喜歡可以用腦袋思考這一點。他們要找一個人協助他們投資資金，他們決定要用我，我不用考慮太久就答應了。

接下來才是困難的部分，我要通知帝傑即將離職的事。我要告訴誰？我到底替誰做事？這些資深銀行家都不負責人事，而主管人事的蓋瑞·連恩根本搞不清楚我和亞當有什麼差別，即使他知道，可能也不在乎我要不要辭職。所以我打電話告訴洛失我要辭職的事，他很驚訝，好像也有一點不高與，不過我還有更重要的事得擔心，我得想想接下來要告訴誰。

我把打算離職的事告訴布洛克．萊布蘭克。他是投資銀行部的副總裁，我很喜歡布洛克，也很尊重他。布洛克是好人，他很努力。他的運氣不錯，晉升得很快，可說是天之驕子。他一直都對我很好，我告訴他我要走了，因為我看不到自己在帝傑有什麼未來。他奸笑了一下，露出邪惡的眼神，我有點擔心他會不會拿釘書機砸我的頭。

「彼得，你是明日之星。真的，你在這裡一定會出類拔萃，而且你知道格林威治市（Greenwich）那些傍水的豪宅嗎？那些房子都是銀行家的，帝傑可以給你機會，讓你擁有你作夢也想不到的財富，讓你有比鄰居都大的房子。你要去的這間避險基金公司不會給你這種機會，華爾街一大堆這種公司，你要去的那間很可能失敗。然後你要怎麼辦？你這個決定是錯的，你應該重新考慮。你在這裡會很有前途，大家都很看好你。如果你待在這裡，你的成就會超乎你的想像。帝傑不可能垮台，我希望你能重新考慮，去跟努斯朋和韋恩斯坦談談吧。我來幫你安排。」

聽他在鬼扯。我知道房子最大的不是建商就是發明迴紋針的人。他騙不了我，不過我還是要感激布洛克裝得真的很關心我的樣子，他知道我的弱點在哪裡，他知道說什麼可以讓我開心。

我去見了努斯朋，他負責管理我任職的高收益銀行部。我告訴他我找到新工作，我想要更多空閒時間，好好過生活。他安靜了一分鐘，接著說：「彼得，你以後會有很多空閒時間。你現在雖然很辛苦，但是過一陣子你就能享受努力的成果。人生就是這樣，相信我，而且你想去做的那個工作聽起來實在不怎麼樣，你很可能被合夥人擺一道。太冒險了。我覺得你會鑄下大錯。在這裡我們會好好照顧你，為了留住你我們什麼都願意做，我們可以改變些什麼？如果有的話，我們願意改，我們希望你能留下。」

他們會好好照顧我？當然，就像黑手黨「照顧」和他老婆上床的人。我想乾脆就順著努斯朋的意，順便了解我可以從他那裡坳到多少東西。我告訴他我不想再替鱷魚做事，也不想替部門裡任何副總裁做事，他說：「沒問題。」我知道他在敷衍我，他雖然人很好，也誠心想幫忙，但他是資深銀行家，不了解我們之間有太多他不可能控制的東西，我還是會被踩得扁扁。他可以感覺到我沒打算回心轉意，便決定把我送去韋恩斯坦的辦公室，接受最後的折磨。

韋恩斯坦，別名黑寡婦，在商學院時面試過我的人。他是個狠角色，身長五呎六，脾氣火爆。他要好好教訓我一頓，把我嚇得不敢離開帝傑。我一走進他的辦公室，他就馬上發動攻勢。

「小彼得要去避險基金公司賺大錢？想都別想，你一定會失敗。你最好有備胎計畫，因為你不可能成功，你待在這裡最有可能成功。你很天真，不知道自己在做什麼。聽說你想好好享受生活，要有更多空閒時間，既然這麼娘娘腔，你乾脆去廣告公司上班好了。彼得，你知道你還沒有準備好要離開。決定要留下來了？去告訴布洛克你不走了。」

寡婦把我弄得信心動搖，雖然還沒有完全瓦解，但根基已經不穩了。我得堅強起來，我一定要離開。

我經歷的是投資銀行三部曲，銀行家無論碰到提案、辦案，或攻擊打算離職的同事，都會採用這三個步驟：貪婪、恐懼、拋棄。首先是以名利來說服，貪婪和對金錢的追求是銀行家最終極的催情劑，他們會裝得很誠懇的樣子說顧客想聽的話討顧客歡心。如果這招行不通，那就改採第二步驟：恐懼。把客戶嚇得半死，以打擊他們的信念，告訴客戶如果這案子不用他們，一定會敗得很慘。如果銀行家沒辦法用金錢打動客戶，那也許可以用恐嚇法。如果還是沒用，銀行家就會以快到不尋常的速度棄守。沒案子可做，就沒必要繼續耗下去。

隔天我打電話給布洛克．萊布蘭克，他的秘書說他不在辦公室，也許他不想接我的電話。我留言給他：「布洛克，謝謝你花時間和我談，我仔細思考過我的決定，還是覺得換工作會比較快樂，謝謝你對我的支持，希望我們能繼續保持聯絡，祝你好運。」我再也沒有布洛克的消息。

接著我打給努斯朋，告訴他我已經下定決心要離開。

他說：「我要去開會了，祝你好運。」

最後我打給寡婦：「葛雷格，我是彼得。我還是決定要換工作。」

寡婦說：「你犯下大錯了。」

「不會有問題的。」我說。

「一定會。希望你老子有錢。」寡婦一刀刺中我的要害，可惡。

電話最後一次響起，是人事部打來的，他說：「彼得，和大家道別吧，趕快打包，這裡有很多機密資料，我們不能讓你碰。我們已經關閉你的電腦，你的證件也作廢了，我已經派人送箱子下去裝你的檔案。祝你好運，再見。」

我打電話給洛夫告訴他我被一腳踢開了。在我宣布辭職的四十八小時內，我和主管談過、被部門主管審問過、受到慰留和恐嚇，然後他們決定棄守，要我快點滾出去，就是那麼快。他們花了七十二小時決定雇用我，用四十八小時把我踢走。我即將展開新旅程。

洛夫說：「你居然拋棄我，怎麼可以這樣？」

「我沒辦法忍受了，生命中不可能只有這些鳥事。」我告訴他。

就是這樣，我自由了，真正的自由。洛夫很生氣，不過沒關係，他常常生氣，他通常要先踢叫一下才會接受事實。不過，他也讓我覺得很難受，感覺好像把唯一的弟弟拋棄在孤兒院裡。

一點也沒錯，我很生氣。楚普第一次打電話告訴我他要離開的時候，我簡直快氣炸了，我的好朋友要走了，留我一個人在那裡。我們一起爬上硫磺島的血腥沙灘，現在，在我最需要他的時候，他卻離開了，再也沒有人可以罩我。

小楚的離開有很重大的意義，我不只失去好朋友，也失去凌晨兩點和我一起到鬼把戲摸裸女的朋友，我總不能自己一個人去，感覺很像變態。沒有人像小楚那麼可靠，可以陪我調適心情。

楚普的離開另外還有很重要的意義——只要同期的協理沒有人離開，我們就能告訴自己夢想依然存在，不管發生什麼事，不管我們多沮喪，不管我們做的事多違背夢想，只要沒有人離開，我們就能堅持下去。我們雖然大聲抱怨，感嘆自己是沒有生活的笨蛋，但是我們總不可能全是白痴。如果我們不是白痴，而且我們都不離開，那就一定有堅持下去的理由。我們不可能都那麼笨，讓自己困在四面楚歌的處境裡。

小楚離開以後，一切都改變了，我們的懷疑成真。也許我們其實很白痴，也許事情不會變得更好，也許我們註定要一輩子在提案、影印和文書工作裡打轉，也許外頭的世界真的更美好，而我們都錯過了。但是，小楚也可能是錯的，我好困惑。

楚普每天都從新公司打電話給我。一個禮拜之後，他告訴我有一天晚上八點半，合夥人發現他還待在辦公室裡，便大聲罵他：「你已經不是銀行家了，我們付錢讓你思考，不是讓你整晚待在這裡。」

楚普說他花了幾個禮拜才記得要怎麼用大腦思考，他再也不用寫提案書，不用賄賂影印中心的人。他一整天都在思考，研究該不該投資特定的公司，他現在到另一邊了，有錢的那一邊。他在尋找對的答案，而不是上頭的人想聽的答案。他可以自己作決定，再也不用咕嘟咕嘟吞下他殘存的自尊，在帝傑時他從快樂變成生氣，而離開帝傑他又變快樂了。

我不用花太多時間就決定要換工作。即使離開帝傑的興奮感慢慢淡掉之後，楚普還是很喜歡他的新工作，他不是只因為離開而開心，他每天都很期待上班。我不記得我最近一次有過這種感覺是什麼時候，我想再次感受那種興奮，我希望臉上帶著開心的笑容走進辦公室。

我聯絡所有專門服務金融業的獵人頭公司，我作了很多筆記，也和大部分公司見面，了解他們專精於哪一個領域。我告訴他們我為什麼想離開投資銀行、將來想做什麼，他們都說我很聰明，資歷也不錯，找新工作應該不難。每隔一陣子我都會接到他們要找人的電話，可是大部分都不合適，我開始心灰意冷。

十二月初的某一天，我接到滑頭打來的電話，他說他早上和楚普通過電話，楚普聽說有一間小型的避險基金在找人，那不是滑頭會感興趣的職務，但他知道我在找工作，所以給了我電話號碼。棄我而去的楚普把一個救生圈丟給我，如果我抓得夠緊，也許他可以把我拉出去。

我撥了滑頭給我的號碼。我向接電話的人表示我聽說他們的基金在找人，他說：「來和我們見個面，讓我們知道為什麼要雇用你。」所以我就去了。

他們手上有一億美元資金，他們想再多找一個人，那個人就是我，他們希望找一個能思考、能幫他們賺錢的人。

他們很擔心我已經被帝傑洗腦，不確定我還記不記得如何思考，我告訴他們可能要花幾個禮拜，不過我一定會記得。就這麼說定了。

接下來只剩下辭職。

我走進每一個執行董事的辦公室，告訴他們我要離職。我告訴他們我再也沒辦法忍受，我不想當銀行家，我想試試不一樣的東西。他們都說我很優秀，也是很好的協理；他們要我儘量開口，看看是否改變一些什麼，可以讓我留下來。趁機報仇的念頭閃過我腦海，我很想說，如果他們願意讓我把熱油淋在他們身上，掛起來吊幾個禮拜，我也許會好過一些，也許到時候我會考慮留下。

我說：「沒有你們能幫得上忙的。」

當天我接到布洛克．萊布蘭克打來的電話，他說：「聽說你想離職，來和我談談吧。」

我打電話給楚普，因為我知道他離開前和布洛克談過，我問他：「布洛克會說什麼？」

「他會告訴你你犯了大錯，你很有前途，在帝傑會出類拔萃。他會說格林威治的豪宅都是銀行家的，還有避險基金的經理人多到不值錢。他不是壞人，但是他不了解公司已經不一樣了，不同層級之間有很大的差別。要記得：貪婪、恐懼、棄守。」

「了解，我得過去了。」

我走到布洛克的辦公室，他正在講電話，他讓我坐在那裡等了十分鐘，也許他以為讓我覺得自己很渺小，我會改變主意留下。

布洛克說：「聽說你要離開我們了。」

我說：「是的，我找到避險基金的工作。」

「你要犯下大錯了，約翰。不會有另外一個工作像這裡一樣賦予你這麼多責任，而且你還有機會環遊世界；全球各地大企業總裁都請你提供建議，沒有任何其他的工作可以給你這些，避險基金經理人多到不值錢。」

我心想，真有趣，我在帝傑從來不覺得自己重要，企業總裁唯一要我提供的東西是提案書，我覺得自己像蟲子一樣渺小。

「你知道嗎，十年後，你會坐在這張椅子上，」他指指他坐的椅子：「你是我們的明日之星，我說真的，你在帝傑會有出頭天。」

我笑了起來，那他十年後會在哪裡？我怎麼會坐到他的椅子上？也許他在去監工了，因為他在格林威治的房子要增蓋，他要確保自己的房子比隔壁避險基金經理人剛買的房子大。

那個禮拜，我最後一次走出帝傑的大門，我一點也不後悔。兩年九個月之前，我以實習協理的身分第一次走進那扇門，我的好朋友楚普已經離開半年了。經過帝傑的蹂躪之後，我就要迎向新生活。

帝傑把我們折騰得很慘，我們覺得自己彷彿老了十歲，也許依據投資銀行的標準，我們接受的磨練還不夠，但是我們只能喊停。也許任何工作都一樣，如果你不挺身而出、即時叫停，折磨就永遠不會停止。也許我們不夠堅強，無論如何，我們終究選擇了離開，我們終於重燃希望，也許我們依然有別的夢想可以追逐，希望依然存在。

後記

如果根本走錯路，跑步又有何用？

——德國諺語

離開帝傑後，洛夫和我常常見面，還待在帝傑煉獄裡的那些朋友還是像從前一樣，所有清醒的時間都在工作，所以我們不太有機會看到他們。不過我們可不是沒努力過。

幾個月過去了，我們決定把大家召集起來。我們約好晚上七點在小義大利（Little Italy）碰面，包括我、洛夫、滑頭、大隻、翅膀和肥肥。七點來了又去，出現在餐廳的人只有我和洛夫。

滑頭大約半小時後臉上帶著神秘的笑容出現，顯然有事情要告訴我們。

洛夫問他：「怎麼啦，你這什麼死樣子？」

「我要離開了，一切都結束了。」滑頭回答。

洛夫和我面面相覷，我們知道他是什麼意思，他要離開帝傑了。我們都很驚訝，甚至到了震驚的程度，滑頭和翅膀是我們認為最不可能離開帝傑的人，他們雖然和我們一樣愛抱怨，可是我們都認為他們永遠不會走，我們覺得他們甘之如飴。

我問：「你要做什麼？」

「風險套利（risk arbitrage）。阿堤卡投資公司（Attica Capital）有一群

人要做併購套利和特殊情況的投資，多半是股票，我覺得還不錯。」

洛夫笑著說：「你真的讓我們跌破眼鏡，我們都沒想到你會離開，小楚和我以為你會一輩子待在那裡。」

我說：「你們知道個屁，我也想好好過生活。我已經找了好幾個月。」

「那你要有心理準備，布洛克會找你談，他會告訴你……」

滑頭說：「我知道，洛夫告訴過我，他會說格林威治豪宅、我無可取代之類的鬼話。我已經有心理準備，我走定了。」

待者停在桌前問我們：「準備好要點餐了嗎？」

我問滑頭：「其他人呢？他們到底會不會來？」

「他們不可能來。大隻正在被寡婦虐待，肥肥在忙工商銀行業務的案子，他們兩個都不可能抽身。翅膀我就不確定了，他今天晚上要從墨西哥市飛回來，也許會出現。我們先點菜吧。」

滑頭告訴待者：「我開胃菜要朝鮮薊心，然後是奶油蒜味蝦，甜點要蘋果派，謝謝。」

洛夫和我驚訝地互看對方，顯然我們在想同一件事——滑頭沒有點波隆那肉醬通心麵、堤拉米蘇和兩小瓶聖沛黎洛氣泡礦泉水。他真的變了。

翅膀十點鐘出現，大隻和肥肥還是不見人影。滑頭告訴翅膀他要走的事，翅膀一副要哭出來的樣子。

翅膀說：「什麼？你要離開我？那以後我要跟誰吃晚餐？肥肥老是在忙，大隻已經在另外找頭路，他不到幾個月就要走了。可惡！真討厭。」

他倆就像一對要分手的戀人，翅膀的心都碎了。

到了十一點，翅膀要走了，他告訴我們：「我很想留下來，可是我明天早上五點就要起床搭機到達拉斯，還是老樣子。滑頭，祝你好運，有時間再聊。小楚和洛夫，很高興看到你們，如果之前沒時間的話，那就在小楚的婚禮上見了。我得走了，我累得像狗一樣。」

翅膀總是忙得團團轉，不過他好像很喜歡這種感覺。

翅膀離開後，洛夫試探地問滑頭：「你覺得他們會像想念我和小楚一樣那麼想念你嗎？」

滑頭吃驚的看著洛夫：「你在開玩笑？他們會從二級銀行找人來做我的案子，或許也還會找比較積極的第一年協理來做，他的努力會讓我相形見絀。你也不要太天真，以為你們離開之後他們有想念你們，並沒有。」

洛夫看起來很困惑，他擔心地問：「你的意思是，我們走的時候沒有引起混亂？沒有造成任何影響？他們根本就不想念我們？」

滑頭笑了起來：「不要騙自己了，就像從沙灘挖走一匙沙，根本不會有人發現。我們都是可以被取代的商品。」

我想了一下，滑頭說得沒錯，大部分投資銀行規模都很大，裡頭的每一個人都是可以立即被取代的，我們走了之後，馬上就有一個年輕的銀行家代替我們，根本不會造成任何影響。

洛夫、滑頭和我安靜地靠在椅背上，葡萄酒和義大利麵下肚後，我們都昏昏欲睡，我們酒足飯飽，該說的也都說的差不多，此刻無聲勝有聲。我看著洛夫，洛夫看著滑頭，滑頭看著我。

「你們知道嗎？」洛夫說。

「什麼？」

「我希望我們知道自己在做什麼。」

我說：「我也是。」

剛進投資銀行時，我們以為自己站在沙漠邊緣，我們相信滾燙沙漠的盡頭是綠洲，只要我們願意忍受酷熱，最後一定有機會一飲神奇之泉，然而，我們發現投資銀行其實不是我們原本想像的沙漠，而是叢林。

我們發現自己沒辦法直接通過不毛之地，抵達期望中的樂土，我們置身於迷宮般的廣大叢林，裡頭樹木高聳，還有兇猛的老虎和伺機要咬我們一口的毛毛大蜘蛛，叢林裡所有標示都混亂不清，我們根本不知道該往哪兒走。

最後，我們往上看，發現茂密的樹叢中垂著結滿香蕉、芒果和芭蕉的枝椏，我們好開心，所以我們先學習爬樹，接著又學會在蔓藤間擺盪、摘下水果。我們從早到晚都在那裡盪來盪去，雙手抱滿大餐。一開始我們盪得很開心，但是隨著時間過去，我們漸漸覺得自己彷彿在原地打轉，我們每天都看到相同的蔓藤、相同的樹，每一天都有同樣的糞金龜爬上我們的腳，還有同樣煩人的狒狒在我們身後發號施令。到最後，我們發現自己雖然滿手水果，卻根本沒時間享用，我們愈盪，愈覺得叢林在擴張，我們的手臂好酸好疼。

所以我們決定離開，我們砍倒橡膠樹，用橡膠樹做了一艘獨木舟，再拿疣豬角當槳。我們乘著獨木舟順流而下，離開叢林，逃了出去。

我們離開後，還有一堆人在叢林裡盪來盪去拚命採水果。有些人很喜歡這種生活，但我們還是覺得站在地上比較穩當。有時我們會懷疑自己是不是該繼續盪下去，畢竟離開投注過那麼多心血的地方，難免會懷疑自己的決定。每隔一陣子，我們思考自己走過的路，洛夫和我回顧從前，我們會猜想自己有沒有錯失什麼東西？

生活就像蹺蹺板，我們想追求平衡。在投資銀行上班的時候，蹺蹺板的另一端總是坐著愛生氣的胖子，另一端則是快樂的小仙子，肥子根本沒有要離開的意思，所以我們不太可能找到平衡。

我們會想念華爾街的叢林生活嗎？就像食人族想念蔬菜那麼多。

國家圖書館出版品預行編目資料

華爾街的猴戲：闖蕩華爾街金融叢林／約翰・洛夫（John Rolfe）,彼得・楚普（Peter Troob）著；方祖芳譯
--初版.--臺北市：泰電電業，2009. 04　面；　公分.--（投資理財；04）

譯自：Monkey Business: Swinging Through the Wall Street Jungle

ISBN　978-986-6535-14-7（平裝）

1.洛夫（Rolfe, John.）2.證券經紀商 3.傳記 4.證券投資 5.股票 6.美國

563.558　　98002337

投資理財 *04*

華爾街的猴戲：闖蕩華爾街金融叢林

原書／Monkey Business: Swinging Through the Wall Street Jungle
作者／約翰・洛夫（John Rolfe）
彼得・楚普（Peter Troob）
譯者／方祖芳
總編輯／呂靜如
系列主編／周均健
責任編輯／曹　堤
行銷企劃／林鈴娜
美術編輯／朱海絹
Cover design by Flag
Jacket illustration by Rick Nass
封面完稿／張裕民

發行人／宋勝海
出版／泰電電業股份有限公司
地址／台北市中正區博愛路七十六號八樓
電話／(02)2381-1180
傳真／(02)2314-3621
劃撥帳號／1942-3543 泰電電業股份有限公司
網站／馥林官網 http://www.fullon.com.tw

總經銷／時報文化出版企業股份有限公司
電話／(02)2306-6842
地址／台北縣中和市連城路一三四巷十六號
印刷／三陽文化股份有限公司

■二〇〇九年四月初版
定價／300元

ISBN：978-986-6535-14-7

Printed in Taiwan

女人所屬的真正幸福 tic tac toc
tic tac to
鎖定收視第一韓劇誰來愛我帶妳與妳的他感受真幸
日本時尚鋼飾品牌
tic tac toc
GT
八大電
誰來愛我
행복한 여자
什麼才是女人所要的真正幸福?
【誰來愛我】帶你一同來尋找你所要的幸福
GTV戲劇台 週一至五22:00
尹晶喜、鄭糠雲、金石勳、張美仁愛 深情演出
芹氏國際有限公司 消費者服務專線:02-2301-0009 傳真:02-2301-0009 台北市重慶南路3段42之2號1樓 www.titato.

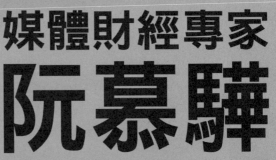

FL 079942

廣 告 回 郵
台 北（ 免 ）
字第13382號
免 貼 郵 票

一〇〇台北市博愛路七十六號八樓

泰電電業股份有限公司 收

姓名：

地址：□□□□□

E-mail：

有部落格的讀者們，
請密切注意馥林官網 www.fullon.com.tw
參加不定期推出的活動，
即有機會獲得馥林超值好禮一份。

誠摯感謝您購買本書，請將回函卡填好寄回馥林文化（免附回郵），即可不定期收到最新出版資訊及優惠通知，我們將於每月抽出兩名幸運讀者贈送馥林好書。

1. 購買書名

2. 生日　　　年　　　月　　　日

3. 性別　○男 ○女

4. 教育程度　○高中及以下 ○專科與大學 ○研究所及以上

5. 職業　○製造業 ○銷售業 ○金融業 ○資訊業 ○學生
○大眾傳播 ○服務業 ○軍警○公務員 ○教職 ○其他

6. 從何處得知本書
○實體書店文宣立牌：○金石堂 ○誠品 ○其他
○網路活動 ○報章雜誌 ○試讀本、文宣品 ○廣播電視 ○酷卡 ○親友推薦
○雙河彎月刊 ○公車廣告 ○其他

7. 購書方式
實體書店：○金石堂 ○誠品 ○PAGEONE ○墊腳石 ○FNAC ○其他______
網路書店：○金石堂 ○誠品 ○博客來 ○其他__________
○傳真訂購 ○郵政劃撥 ○其他____________

8. 您對本書的評價　（請填代號1.非常滿意 2.滿意 3.普通 4.再改進）
__書名 __封面設計 __版面編排 __內容 __文／譯筆 __價格

9. 您對馥林文化出版的書籍　○經常購買 ○視主題或作者選購 ○初次購買

10. 您願意收到馥林文化電子報嗎？　○願意 ○不願意

11. 您對我們的建議

馥林文化

馥林文化